Živko Marković

INDIVIDUALIZACIJA
I
SOCIJALIZACIJA

Naučna knjiga

Beograd, 1999.

INDIVIDUALIZACIJA I SOCIJALIZACIJA

Živko Marković

Prvo izdanje

Izdavač: IP Naučna knjiga, Beograd, Uzun Mirkova 5

Za izdavača: dr Blažo Perović

Recenzenti: dr Slobodan Pokrajac, dr Predrag Radenović

Kompjuterska priprema: Nenad Ranković

Štampa i povez: Vojna štamparija, Beograd, Generala Ždanova 40b

CIP - Katalogizacija u publikaciji
Narodna biblioteka Srbije, Beograd

316.37

MARKOVIĆ, Živko

Individualizacija i socijalizacija / Živko Marković. - [1. izd.]. - Beograd : Naučna
knjiga, 1999 (Beograd : Vojna štamparija). - 133 str. ; 20 cm

Tiraž 200. - Beleške uz tekst. - Zaključni rezime: str. 125-133

316.736
a) Individualizam b) Socijalizacija

ID = 76336396

S A D R Ž A J

UVOD

*J*ednostrane težnje vuku u jednostranosti. Zavisno od toga čemu se teži, socijalizacija se prenaglašava suprotstavljanjem individualizaciji, a individualizacija suprotstavljanjem socijalizaciji. Ta protivurečna pojednostranjivanja i zastranjivanja se naizmenično smenjuju i u društvenom delovanju i u društvenoj svesti, što je sasvim očigledno i u takozvanoj tranziciji kvazisocijalističkih zemalja, kada se krajnjem kolektivizmu suprotstavlja krajnji individualizam. Ispoljene implikacije ukazuju na problematičnost tog zaokreta, iako iza njega stoje određeni individualni i grupni interesi.

Individualizam, kao apsolutizacija individualnosti, je tvorevina idealističkog uobraženja da je čovek natprirodno biće, nezavisno od objektivnog sveta, nasuprot kolektivizmu, kao apsolutizaciji kolektivnosti, proistekle iz materijalističke apsolutizacije prirodnog i društvenog determinizma, koji isključuje slobodnu volju individue. Te krajnosti su se uvek javljale u međusobnoj konfrotaciji, što samo po sebi govori o njihovoj jednostranosti ali i o stvarnosnoj komplementarnosti kolektivnosti i individualnosti, jer jedna strana suprotnosti nikada ne ide bez njene druge strane.

Ako je ljudsko biće neodvojivi ali osobiti deo prirode, što je naučno odavno dokazano, onda se njegova reprodukcija mora odvijati po istim ali osobitim zakonitostima same prirode. Pošto je ljudsko društvo integralni deo prirode, zakonomernosti društvene reprodukcije ne mogu biti ništa drugo do njegove prirodne zakonitosti koje i deluju kroz osobito delovanje društvenih sila. Zbog toga se čovek ne pojavljuje jednom kao prirodno, a drugi put kao društveno, već kao jedinstveno, mada u samom sebi protivrečno biće.

Pošto je čovek čedo prirode, odnosima između ljudske jedinke i ljudske zajednice moraju, u osnovi, vladati iste zakonitosti koje uopšte vladaju odnosima između dela i celine, zasnovanim na delovanju skrivenih sila istovremenog privlačenja i odbijanja. Deo je, po prirodi stvari, deo celine, a celina - celina delova, zbog čega „...*razumevanje dela proizlazi tek iz razumevanja celine...*"[1], a razumevanje celine iz razumevanja delova. O ljudskoj jedinki se baš ništa ne može saznati izvan ljudske zajednice, ni o ljudskoj zajednici van ljudskih jedinki.

Sve veze između jedinke i zajednice zasnivaju se na njenim odnosima sa drugim jedinkama jer društvene sile privlačenja i odbijanja mogu postojati samo u konkretnim individuama. Protivrečno delovanje tih sila je pokretačka snaga „...*svakog kretanja i životnosti...*", pa i svih težnji i sveg ljudskog delovanja[2], čije je razumevanje drugi osnovni uslov razumevanja i ljudske jedinke i ljudske zajednice. O nečemu ili o nekome može se suditi samo na osnovu njihovog kretanja i delovanja jer su kretanje i delovanje suština svega postojećeg.

Ali i pojedinačna i kolektivna delovanja ljudi su nošena nekakvim težnjama, na kojima se zasniva njihovo opstajanje i napredovanje, čije je razumevanje takođe jedan od osnovnih uslova razumevanja ljudske jedinke i ljudske zajednice. To čemu teži svaka ljudska jedinka je

---

[1] Alfred Adler, *Individualna psihologija*, Prosveta, Beograd, 1978, str. 12

[2] Hegel, *Nauka logike*, drugi deo, BIGZ, Beograd, 1977, str. 55

potvrđivanje i jačanje njene individualnosti, kao što svaka ljudska zajednica teži potvrđivanju i jačanju sopstvene integralnosti, koja je osnova njene individualnosti u odnosu na druge zajednice.

Zato se odnos jedinke i zajednice u suštini svodi na odnos individualizacije i socijalizacije kao proces ostvarivanja individualnih i kolektivnih težnji. A pošto kolektivne težnje nisu u suštini ništa drugo do zajedničke težnje združenih individua, individualizacija i socijalizacija se ne mogu posmatrati drugačije nego kao jedinstven društveni proces ili kao različite strane jednog istog procesa.

O istovetnosti tog procesa govore i logika organske komplementarnosti i istorijsko iskustvo faktičke nedeljivosti individualizacije i socijalizacije, što ovde zapravo treba da bude pokazano. To saznanje je od neprocenjive važnosti, jer ako su individualizacija i socijalizacija organski povezane, svako zastranjivanje u jednu ili drugu stranu je, u krajnjoj liniji, samo po sebi usmereno i protiv individualizacije i protiv socijalizacije.

JEDINKA I ZAJEDNICA - INDIVIDUALNOST I DRUŠTVENOST

Odavno je rečeno da je čovek društveno biće, što ukazuje na neraskidivo jedinstvo njegove individualnosti i društvenosti. On je „...*životinja koja može da kaže* „ja"..." i da „...*bude svesna sebe kao posebnog bića...*"[1], ali on to može samo u odnosu na drugo „ja" i u odnosima sa drugim bićima takođe svesnim svoje posebnosti. Posebnost podrazumeva zajedništvo, a zajedništvo posebnost; „...*jedna osoba je ličnost zato što pripada nekoj zajednici...*"[2], i „...*pojedinac može postati to što jest samo preko drugog pojedinca; sama njegova egzistencija sastoji se u njegovom „bivanju-za-drugog"*"[3].

---

[1] Erih From, *Zdravo društvo*, drugo izdanje, Rad, Beograd, 1980, str. 79

[2] Džordž Mid, prilog u zborniku *Teorije o društvu*, Vuk Karadžić, Beograd, 1969, sv. I, str. 165

[3] Herbert Markuze (navod Hegela), *Um i revolucija*, Veselin Masleša – Svjetlost, Sarajevo, 1987, str. 105

Za ljudsku zajednicu je dovoljno i dvoje ako ih vezuju zajedničke potrebe. Reprodukcija ljudske jedinke i celog ljudskog roda zapravo počiva na dvopolnoj zajednici, iz koje izrasta svekoliko ljudsko zajedništvo. I zakonitosti koje vladaju društvenom ćelijom, vladaju u suštini celom društvenom zajednicom, koja se stoga može smatrati i proširenom porodicom, zbog čega se iz ugla unutarporodičnih odnosa mogu posmatrati i odgonetati ukupni društveni odnosi.

Ljudsko društvo se, kao i cela priroda, održava na protivrečnom delovanju centripetalnih i centrifugalnih sila. Dirkem ukazuje na međusobnu suprotstavljenost tih sila kad kaže da one *„...ne mogu da jačaju u isto vreme...“*, te da *„...ne možemo u isti mah da se razvijamo u dva suprotna smisla...“*, pa *„...ako imamo jaku sklonost da mislimo i delamo po svojoj volji, ne možemo biti sasvim skloni tome da mislimo i delamo kao drugi“*[1].

Ali ako nisu u svakom momentu podjednake jačine, centripetalne i centrifugalne sile, i u prirodi i u društvu, deluju jedna nasuprot drugoj istovremeno i relativno podjednakom snagom, inače ne bi bilo ni njihove suprotstavljenosti ni delovanja jer svaka sila deluje (a delovanje je način njenog postojanja) nasuprot nekoj drugoj sili. Veće jačanje jedne sile odmah izaziva i jačanje one druge da bi se narušena ravnoteža ponovo uspostavila, što je neizostavni uslov postojanja svega postojećeg. I ceo svet opstaje na neprekidnoj igri suprotstavljenih sila približno jednake snage, baš kao što i svaka igra traje dok jedan od rivala ne stekne apsolutnu premoć nad onim drugim.

Ljudske individue deluju istovremeno i po svojoj i po tuđoj volji, i po sopstvenom i po tuđem nahođenju, i to ne samo zato što moraju već i što tako hoće jer se i razilaze i slažu sa drugima. Zato se one istovremeno i privlače i odbijaju, i to se privlače ne samo zbog toga što se slažu već i zato što se razilaze, kao što se odbijaju i zbog razilaženja

---

[1] Vidi: *Teorije o društvu*, isto, sv. I, str. 204

i zbog slaganja. U istovremenom privlačenju i odbijanju je zapravo koheziona snaga njihovog zajedništva, koje je utoliko čvršće ukoliko je ravnoteža između sila privlačenja i odbijanja veća.

Što važi u odnosima između ljudskih individua, to važi i u odnosima između njihovih asocijacija. Izučavanjem nuerskog političkog uređenja E.E. Evans-Pričard je došao do saznanja da je „...*sklonost ka stapanju sastavni deo segmentne prirode nuerske političke strukture...*", da su „...*cepanje i spajanje političkih grupa samo dva vida istog načela segmentarnosti...*", te da „...*nuersko pleme i njegove podele valja razumeti kao ravnotežu između ovih dveju protivrečnih težnji koje se ipak dopunjuju*"[1].

Sile koje spajaju i razdvajaju ljude proističu iz njihovih potreba, protivrečnih i u samim sebi i jednih drugima. Svaka ljudska potreba je i pozitivno i negativno određenje ljudske individue, i njeno postojanje i njeno nedostajanje samoj sebi, zbog čega ona zadovoljavanjem svojih potreba može postojati samo kroz stalno postajanje. Osećanje potrebe i objekt potrebe su dva suprotna pola, jedan u subjektu, drugi izvan subjekta potrebe, koji je stoga stalno okrenut prema spoljašnjem svetu, bez kojeg i van kojeg ne može postojati.

Ali objekt potrebe nije a priori okrenut subjektu potrebe, kojem ne može postati dostupan bez njegovog nastupa, zbog čega je aktivan odnos individue prema spoljašnjem svetu, neizostavni uslov njenog postojanja, pa samim tim njena prva, najnužnija i najznačajnija potreba, ili potreba svih potreba. Stoga je „...*čovek prirodno aktivan stvor...*"[2], čiji je rad, u najširem smislu, „...*opći način njegova bivstvovanja...*"[3], pa je i „...*pravi bitak čovječji njegovo djelo*"[4].

[1] *Socijalna antropologija*, Prosveta, Beograd, 1983, str. 320
[2] William Foote Whyte, *Čovjek i rad*, Panorama, Zagreb, 1966, str. 635
[3] Dragutin Nikšić, *Čovjek i rad*, CNA, Zagreb, 1979, str. 34
[4] Hegel, *Fenomenologija duha*, Kultura, Zagreb, 1955, str. 179

Čovek, međutim, ne radi sam za sebe i samo za sebe. Njegov aktivni odnos prema spoljašnjem svetu je pre svega aktivnost prema drugom čoveku i sa drugim čovekom, i tek kroz zajedničku aktivnost sa drugima on se aktivno odnosi prema ostaloj prirodi. Zato je drugi čovek prioritetna potreba čoveka, i to „...*ne samo radi kruha i skloništa već i radi opravdanja postojanja i normi po kojima će živjeti...*"[1], pa je i „...*potreba udruživanja sa drugim ljudskim bićima, povezivanja sa njima, imperativna potreba od čijeg zadovoljavanja zavisi (i) ljudsko zdravlje*"[2].

Kao potreba svih potreba čoveka, rad je u suštini društvena delatnost, ne samo zbog toga što se radi za druge i sa drugima, nego pre svega zato što se ljudski rad zasniva na umnoj aktivnosti, koja je, kao generičko svojstvo ljudskog bića, po svojoj prirodi društvena. Mišljenje i sposobnost mišljenja počivaju na umnoj aktivnosti celog ljudskog roda, koja se reflektuje kroz mišljenje svakog pojedinca, tako da niko ne misli samo svojom, već i tuđom, i u suštini društvenom glavom. Jedino na taj način „...*društvo može da postoji samo u individualnim svestima...*", preko kojih „...*postaje sastavni deo našeg bića...*", koje „...*samim tim uzdiže i uvećava*"[3].

Zbog toga čovek nije samo ni individualno ni društveno, već je istovremeno i individualno i društveno biće, čija individualnost proističe iz njegove društvenosti, a društvenost iz individualnosti. Isticanjem i apsolutizovanjem samo jedne dimenzije ljudskog bića, individualističke i kolektivističke teorije zapadaju u jednostranost, kojima se društveno delovanje usmerava i protiv individualnosti i protiv društvenosti. One se zasnivaju na jednostranom pristupu postojećoj protivrečnosti između individualnosti i društvenosti ljudskog bića, čiji su neposredni

---

[1] H.J. Leavitt, *Psihologija za rukovodioce*, Privreda, Zagreb, 1964, str. 107
[2] Erih From, cit. rad, isto, str. 53
[3] Dirkem, zbornik *Teorije o društvu*, isto, II knjjiga, str. 687

izraz protivrečne tendencije individualizacije i socijalizacije, koje zahvataju celo društvo zato što izviru iz protivrečnog ponašanja svake individue. Pod dejstvom centripetalnih i centrifugalnih sila, svaka ljudska jedinka je u borbi za sopstveno opstajanje i napredovanje stalno razapeta između svoje individualnosti i svoje društvenosti jer individualnost ne može ostvarivati bez društvenosti, ni društvenost bez individualnosti, zbog čega „...*kod zdravih ljudi težnja za izdvojenošću ide zajedno sa težnjom za poistovećivanjem sa potrebama drugih ljudi, i za dubokim međusobnim odnosima sa drugim ljudima*"[1].

Zato se indentitet ljudske individue ne sastoji samo u njenoj individualnosti, već u jedinstvu individualnosti i društvenosti, što podrazumeva da individualnost jača sa jačanjem društvenosti, a društvenost sa jačanjem individualnosti. Svojim istraživanjima, Maslov je ustanovio „...*da su od svih ljudskih bića samoostvareni ljudi istovremeno i najveći individualisti i najveći čovekoljupci, najdruštveniji ljudi puni ljubavi...*", koji su „...*potpunije individualizovani...*" i istovremeno „...*potpunije socijalizovani, više poistovećeni sa ljudskim rodom nego ijedna dosad opisana grupa*"[2].

Individualne razlike u poistovećenosti sa ljudskim rodom određene su u osnovi nejednakim ispoljavanjem njegove umne aktivnosti kroz individualnu aktivnost pojedinaca jer to čime se ljudska jedinka može poistovetiti sa svojim rodom je samo i jedino umna aktivnost, koje van aktivnosti živih individua i nema, ali koja se temelji na vekovnim tekovinama celog ljudskog roda. Šta će pojedinac od tih tekovina usvojiti i u svojoj aktivnosti koristiti, zavisi od mnogo čega, a ponajviše od njegove društvene pozicije i prirodnih predispozicija. Osnova njegove duhovne aktivnosti je proizvod društvenog, a potka - individualnog doprinosa.

---

[1] Abraham H. Maslov, *Motivacija i ličnost*, Nolit, Beograd, 1976, str. 238
[2] Isto, str. 238 i 191

Na taj način svako se prema društvenim tekovinama različito odnosi obrađujući ih i dograđujući prema sopsvenim mogućnostima i potrebama. Što su pojedine individue više preokupirane duhovnim potrebama, one više i koriste duhovne tekovine, i više doprinose njihovom nadograđivanju, čime se umotvorni fond društva stalno uvećava. Individue koje, nalazeći smisao života u borbi za društveni progres, svojim stvaralaštvom najviše doprinose uvećavanju tog fonda, mogu se nazvati generičkim ličnostima, ali nema ni jedne ljudske individue koja na neki način ne doprinosi opstajanju i napredovanju ljudskog roda. Društvo bi se simbolički moglo porediti sa krošnjastim drvetom, čiji vrošci označavaju generičke, a pobočne grane ostale individue; usmereni ka npredovanju, svi životne sokove crpe iz osnovnog stabla i svako svojom aktivnošću, više ili manje, doprinosi njegovom jačanju.

Duhovna aktivnost je zapravo ta generička supstanca koja povezuje ljudske individue jer ona po svojoj prirodi predstavlja njihovu zajedničku aktivnost na kojoj se zasniva celokupno ljudsko zajedništvo. Ljudsko društvo nije mehanička skupina nezavisnih individua koje se proizvoljno povezuju; one su po svojoj prirodi od postanja organski povezane. Ljudska individua je u suštini to što je u odnosima sa drugim individuama; njen indentitet je organski splet, pre svega duhovnih veza i odnosa sa svim drugim individuama od kojih posredno i neposredno zavisi njena egzistencija.

Što su veze jedne jedinke sa drugim jedinkama razvijenije, šire i intenzivnije, veće su i njena individualnost i njena društvenost, jer to što čini ljudsku zajednicu jesu same međusobno povezane ljudske individue, koje samo u odnosima sa drugim individuama ispoljavaju svoju individualnost. I celo društvo je složeni splet, u osnovi duhovnih veza i odnosa svih njegovih individuuma koji postoje i koji su od nastanka ljudskog roda postojali.

Društvo, prema tome, nije samo ni unutar ni izvan pojedinačnih individua; ono je istovremeno i u njima i van njih, zbog čega se svaka pojedinačna individua na svoj način i razlikuje i izjednačava sa drugim individuama. I zato nisu bez osnova fantazoidne predstave o totemima i bogovima, koje maštovite vernike povezuju upravo zato što označavaju nešto što je istovremeno i van njih i u njima samima.

Filozofija je učenjem o ideji i objektivnom duhu, te predstave znatno približila stvarnosti dok nauka nije konačno utvrdila da iza njih ne stoji ništa drugo do duhovna aktivnost samog čoveka, koja se u svom opredmećenom obliku može i odvojiti od konkretnih ljudskih individua, staviti u promet i transformisati u veštačku inteligenciju, pa se i naivna verovanja o seobi duša, danas pretvaraju u stvarnost. Još je davnašnji kult lobanje nagovestio relativno skorašnje saznanje o čudotvornoj funkciji ljudskog mozga, bez koje ne bi bilo ni ljudskih individua ni ljudske zajednice jer ona je taj sudbonosni činilac koji ljudske jedinke organski povezuje u zajednicu i samo ih time čini individuama.

Odnos individue prema zajednici je u svom konkretnom obliku duhovni odnos prema drugim i sa drugim individuama. Zato se on, i bez fizičkog kontakta uspostavlja ne samo sa živim, već i sa minulim, i davno preminulim individuama. Čitajući „Gozbu", „Fenomenologiju duha" ili „Kapital", mi komuniciramo sa Platonom, Hegelom ili Marksom, a preko znanja iz prirodnih i tehničkih nauka koja svakodnevno koristimo, stvaralački duh njihovih tvoraca je stalno prisutan u našem mišljenju i praktičnom delanju. Ni verovanje u besmrtnost ljuskih duša nije, prema tome, bez ikakve veze sa stvarnošću, a besmrtnost ljudske duše je zapravo besmrtnost ljudske individue.

U odnose sa drugima ljudska individua uvek stupa iz nekog interesa da bi zadovoljila određene potrebe. Druga individua je objekat i sredstvo zadovoljenja njene potrebe, ali da bi se odnos uspostavio i održao, mora postojati recipročan interes koji izražava i potrebe druge individue. Društveni odnos između dve ili više individua podrazumeva uzajamnu međuzavisnost u zadovoljavanju egzistencijalnih potreba, zbog čega se socijalizacija „...*mora shvatiti kao interakcija između dve individue u kojoj obe strane nešto daju i primaju*...“[1], pa se i celo društvo može definisati kao „...*sistem međusobno delujućih pojedinaca*“[2].

Nesumnjivo je da „...*društvenu vezu sačinjava ono što je zajedničko u tim raznim interesima*...“[3] pojedinačnih individua, koji, međutim, nisu samo podudarni, već su i međusobno suprotstavljeni. Zbog te protivrečnosti i potrebe za njenim razrešavanjem se i uspostavljaju međusobni odnosi različitih individua i društvenih grupa, koji se u suštini svode na njihovu interakciju, i međusobnu borbu za ostvarivanje sopstvenih interesa. Upravo zbog toga „...*borbom treba nazvati društveni odnos ukoliko je delanje orjentisano prema nameri da se sprovede sopstvena volja nasuprot otporu jednog ili više partnera*“[4]. Kad nestane jedna strana protivrečnosti, podudarnost ili suprotnost interesa, borba prestaje jer nestaje i sama protivrečnost, a time i neposredna veza između suprotstavljenih polova.

Najviši stepen međusobne indentifikacije polarizovanih individua ostvaruje se kroz polnu ljubav, gde se sa najvećim zadovoljstvom za voljenu osobu „živi i mre“ jer se ona sama po sebi i sama za sebe javlja kao sopstvena potreba, pa se i sve njene potrebe doživljavaju kao „...*potrebe osobe koja voli*“[5]. Tu se najsnažnije ispoljava koliko je jedna ljudska individua potrebna drugoj individui, i to ne u biološkom, već u društvenom smislu, ne kao fiziološka, nego kao društvena potreba.

Ali i polna ljubav se zasniva na jedinstvu podudarnosti i različitosti individualnih potreba. Zaljubljene osobe ne nalaze jedna drugoj

---

[1] Zagorka Golubović, *Porodica kao ljudska zajednica*, Naprijed, Zagreb, 1981, str. 246

[2] Talkont Parasons, zbornik *Teorije o društvu*, isto, sv. I, str. 47

[3] Ruso, isto, str. 123

[4] Maks Veber, *Privreda i društvo*, Prosveta, Beograd, 1976, tom I, str. 26

[5] Abraham Maslov, cit. rad, str. 233

samo ono što im dostaje, već i ono što im nedostaje, i što je harmonija sličnosti i različitosti, istovetnosti i suprotnosti veća, veća je i uzajamna privlačnost. Samo u tako harmoničnoj uzajamnosti sa nekim koga voli i od koga je voljena, ljudska individua doživljava svoj puni indentitet i lični integritet, bez čega se oseća usamljenom, uskraćenom, izgubljenom i nesrećnom.

Zato se za istinsku ljubav ne traži nikakva naknada, ali se traži uzvraćanje ljubavi, bez kojeg istinske ljubavi i nema. Uzajamna ili istinska ljubav je prototip istinske socijalizacije ljudske individue, kojoj se neodoljivo teži upravo zbog toga što ona znači istinsko ostvarivanje i potvrđivanje individualnosti, pa se od voljene osobe iziskuje stalno dokazivanje ljubavi samom ljubavlju, koje se često izaziva zagonetnim i protivrečnim ophođenjem prema drugoj strani. U osnovi ljubavne igre je psihološka borba za potvrđivanje polne uzajamnosti, koja izvire iz samih ljubavnih osećanja, i ne može se veštački održavati jer se na osećanja samo osećanjima može uzvraćati.

Spontanost polne ljubavi je nepobitni dokaz da je društvenost u samoj prirodi ljudskog bića, koje niti može niti želi da živi usamljeno. A sama polna ljubav je i dokaz da društvenost nije fiziološka, nego duhovna potreba ljudskog bića jer nastaje tek u „pubertetu" (zrelom dobu) ljudskog roda, baš kao što se javlja u pubertetu ljudske jedinke kad ona dostiže određeni, društveno neophodni nivo socijalizacije.

Polna ljubav je prelomni momenat u procesu socijalizacije ljudskog roda i ljudske jedinke kad rod postaje relativno samostalan u odnosu na prirodu, a jedinka u odnosu na ljudsku zajednicu. Time se, međutim, proces socijalizacije ne završava već ulazi u fazu svesnog ovladavanja njegovim tokovima, kako od strane jedinke, tako i od strane zajednice. Socijalizacija je u suštini proces razvoja ljudske jedinke i ljudske zajednice, koji istovremeno označava i njihovu sve veću individualizaciju.

Proces socijalizacije odvija se kroz stalnu borbu za prevazilaženje i samoprevazilaženje same individue, koja neodoljivo teži da iskoči iz same sebe, da se protegne na druge i u drugima pronađe sebe, i koja upravo radi toga, i sama apsorbuje društvenu energiju i društvene vrednosti. Zato je ona u stalnoj konfrontaciji i stalnoj komunikaciji sa spoljašnjim svetom, i to kako sa njegovom sadašnjošću, tako i sa njegovom prošlošću, ali ona ne može biti u konfrontaciji sa drugima a da ne bude u konfrontaciji sa samom sobom.

Prvi čin te konfrontacije jeste generički akt nemirenja i pobune, izražen kroz kritiku postojećeg, koji izvire iz same prirode ljudskog bića i stoga predstavlja nužnu duhovnu potrebu svake individue. Nema te individue koja se ne odnosi kritički prema spoljašnjem svetu, podvodeći ga pod sopstvene kriterijume i preuređujući ga prema vlastitim željama, pa i najveći deo ljudskih razgovora protiče u kritiziranju i ogovaranjima.

Kritičnost je neposredni izraz nezadovoljstva postojećim svetom, koji nakada nije sasvim po želji i meri ni jedne ljudske individue, zbog čega je kritika uvek, svesno ili podsvesno, eksplicitno ili implicitno, usmerena na njegovo menjanje prema željama i potrebama kritičara. Kao način postojanja i opstajanja svega postojećeg, promena svoj izraz nalazi i u subjektivnim težnjama ljudskog bića, koje nije samo podložno, nego je radi sopstvenog postojanja i opstajanja, i sklono i naklonjeno stalnim promenama.

Ljudsko biće nije, međutim, samo objekt, nego je i subjekt promena, i ne želi samo da se menja, već hoće i da menja, zbog čega se iz težnje za menjanjem rađa težnja za stvaranjem i razaranjem. Stvaranje je zapravo neizostavni uslov postojanja i opstajanja ljudskog bića, i zbog toga najznačajnije obeležje njegove individualnosti. Svoju individualnost ljudska jedinka ostvaruje pre svega svojim stvaranjem, kojim menja i spoljašnji svet i samu sebe.

Ali stvaranja nema bez razaranja jer ništa ne može nastati iz ničega, pa da bi se nešto stvorilo, mora se nešto i razoriti. *„Stvaralaštvo i destruktivnost...“* nisu samo *„...dva instinkta koja postoje nezavisno jedan od drugog...“* u tom smislu da *„...volja za uništavanjem mora da se rodi kad volja za stvaranjem ne može da bude zadovoljena“*[1], nego su stvaranje i razaranje jedinstven proces i samo različite strane svake promene. I ne samo što svako stvaranje podrazumeva razaranje, nego ni razaranja nema bez stvaranja jer čim je nešto razoreno, nešto drugo mora biti stvoreno, bez obzira što ono sa stanovišta ljudskog vrednovanja može predstavljati samo ruševine razorenog.

Ma koliko da je individualizirano, svako stvaranje je istovremeno i društveni čin. Već sama kritika starog, kao polazište stvaranja novog, podrazumeva određena znanja koja su *„...od drugih saznata...“*[2], pa se ona samim tim zasniva na angažovanju i doprinosu mnogih individua, i onda kada je izriče jedna jedina individua. Novo se uvek stvara od „ciglica“ koje su drugi stvarali, i nema ni jednog jedinog dela (ni u oblasti materijalne, ni u oblasti duhovne kulture) koje je stvoreno zaslugom samo jednog pojedinca, zbog čega svaki *„...indentitet sadrži komplementarnost prošlosti i budućnosti, i to i u jedinki i u društvu“*[3].

Društvenost se samo još više multiplikuje neposrednom saradnjom na zajedničkim projektima, koja postaje sve neophodnija što su stvaralački poduhvati ambiciozniji i što se društveni fond znanja više uvećava. Ali ne radi se samo o neophodnosti, već i o celishodnosti zajedničkog stvaralaštva, kroz koje se stvaralačka moć svakog stvaraoca povećava, i to u daleko većim razmerama nego što se združivanjem na zajedničkom poslu uvećava snaga fizičkih radnika.

---

[1] Erik From, cit. rad, str. 59/60

[2] Vidi: Đuro Šušnjić (navod Marka Tvena), *Kritika sociološke misli*, Gradina, Niš, 1973, str. 11

[3] Erik H. Erikson, *Omladina kriza identifikacija*, NIP Prosvjeta, Titograd, 1976, str. 264

Moć ljudske jedinke, kao neposredni izraz njene individualnosti, zapravo i jeste u njenim stvaralačkim mogućnostima, a one ne proističu toliko iz urođenih predispozicija koliko iz stečenih znanja koja su zajedničko delo mnogih individua i mnogih generacija. Individualna moć zasniva se na društvenoj moći baš kao i društvena na individualnoj; kao osnova ljudske moći, znanje koje pojedinac stiče od društva, potiče iz saznanja samih pojedinaca, pa je po tome i individualna moć društvena i društvena individualna.

Društvena zasnovanost individualne moći je najsnažniji magnet kojim zajednica privlači individuu. Pošto *„...svaki čovjek i svaka skupina ljudi, ma kakva ona bila, želi povećati svoju moć...“*[1], vezivanje individue za zajednicu je sve čvršće jer ona svoju moć samo apsorbovanjem društvene moći može povećavati, u čemu se ne zna za granice, pa svaki pojedinac *„...nosi u sebi jaki poriv da se izjednači kao subjekt sa „rodnim bićem“, da nadmaši svoju individualnost i pojedinačnost“*[2]. Ali s obzirom na recipročnu zavisnost individualne i društvene moći, nije samo jačanje društvene moći neizostavni uslov jačanja individualne moći, nego je i jačanje individualne, neizostavni uslov jačanja društvene moći.

Granicama individualne i društvene moći određene su granice individualnih i društvenih sloboda kao osnovnog određenja individualnosti i društvenosti. A pošto je moć stvaranja osnova ljudske moći, ona je samim tim i osnova ljudske slobode, čija je suština upravo u mogućnosti stvaranja, jer *„...sloboda nije, zaista ništa drugo nego samo drugi vid stvaralaštva“*[3].

---

[1] Claude-Henri de Saint-Simon, Izbor iz djela, Školska knjiga, Zagreb, 1979, str. 43

[2] Rudi Supek, *Živjeti nakon historije*, Nova, Zagreb, 1986, str. 37

[3] Dr Radomir Lukić, *Sociologija morala*, II izdanje, Naučna knjiga, Beograd, 1976, str. 373

Pošto mogućnosti stvaranja nisu određene samo ličnim predispozicijama, nego i stvaralačkim potencijalima društva, individualne slobode se zasnivaju na društvenimm slobodama, ali s obzirom da su tvorci stvaralačkih potencijala društva sami slobodni stvaraoci, i društvene slobode počivaju na individualnim slobodama. Slobodnih individua nema bez slobodnog drištva, ni slobodnog društva bez slobodnih individua; reciprocitet individualnih i društvenih sloboda odgovara reciprocitetu individualne i društvene moći.

Moć i sloboda su osnovne odrednice samostalnosti; individua je samostalna toliko koliko je slobodna, a slobodna je koliko je moćna. I pošto se individualne slobode zasnivaju na društvenim slobodama, samostalnost nužno podrazumeva zavisnost, prema kojoj i dobija svoje suštinsko određenje. Jedna individua je samostalna u odnosu na druge individue od kojih je zavisna i prema kojima može biti samo relativno samostalna; apsolutna samostalnost bi podrazumevala apsolutnu nezavisnost, koju nikada ne može posedovati ni jedna živa individua.

Samostalnost, međutim, ne podrazumeva jednostranu, već obostranu zavisnost, ili međuzavisnost, koja i čini suštinu društvenog odnosa. Individua je u svojoj zavisnosti od drugih individua samostalna samo ukoliko su u svojoj samostalnosti i one od nje zavisne. Jednostrana zavisnost jedne, podrazumevala bi apsolutnu nezavisnost druge strane, ali tada među pretpostavljenim stranama ne bi bilo nikakvog društvenog odnosa, koji podrazumeva obostrani interes.

Ako su samostalnost i međuzavisnost neraskidive i međusobno uslovljavajuće strane istog društvenog odnosa, onda sa jačanjem jedne, mora jačati i njegova druga strana da bi se određeni odnos održavao i razvijao. Što je međuzavisnost različitih individua veća, mora biti veća i njihova samostalnost, bez čega bi se inače gubila njihova individualnost, a sa time i društvenost; individua je samostalnija što je društvenija, i društvenija što je samostalnija. To je najlakše uočiti kroz analitičko sagledavanje socijalizacije dece, kojom se u malome ponavlja socijalizacija vrste.

Deca se, u društvenom smislu, rađaju potpuno nezavisna i potpuno nesamostalna; u odnose društvene međuzavisnosti i samostalnosti ona stupaju tek po rođenju. Porađanjem se majka oslobađa biološke zavisnosti ali, kroz materinsku ljubav i roditeljske obaveze, pada u psihološku i društvenu zavisnost od novorođenčeta, koje s oslobađanjem biološke zavisnosti takođe postaje psihološki i društveno zavisno, najpre od roditelja ali sve više i od šire društvene sredine, stičući istovremeno i sve veću samostalnost.

Već samim plačem, kojim se oglašava čim iziđe iz majčine utrobe, novorođenče skreće pažnju na sebe, ispoljavajući neku svoju samostalnost ali i zavisnost; prizivanjem upomoć, ono postaje centar pažnje svoje okoline, koja mu samim ukazivanjem pažnje priznaje nekakvu individualnost, i vezujući se za njega uplavzi se u mrežu uzajamne zavisnosti, što je i neizostavni uslov njegovog opstanka.

Na taj način se, kroz uzajamnu interakciju jedinke i društvene sredine, individualizacija i socijalizacija, kao neizostavni uslov razvitka i samog opstanka jedinke, od samog početka odvija kao jedinstveni proces. Istraživanja dečje aktivnosti pokazuju da su sa „...*socijalnim napredovanjem tesno povezani preobražaji individualne akcije...*", što je u ranom detinjstvu teško uočljivo, ali već od sedme godine jasno se uočava „...*individualna koncentracija kad dete radi samo, a stvarna saradnja kad se rad obavlja u grupi...*", i „...*ova dva vida aktivnosti... međusobno se dopunjuju*"[1].

Iako se od samog početka bori za svoje osamostaljivanje, dete to, međutim, u početku čini više podsvesno nego svesno jer se njegova

---

[1] Žan Pijaže, Berbel Inhelder, *Intelektualni razvoj deteta*, Zavod za udžbenike i nastavna sredstva, Beograd, treće izdanje, 1986, str. 30 i 31

svest tek kroz borbu za osamostaljivanje razvija. A borba za osamostaljivanje je u stvari borba protiv jednostrane zavisnosti, koja se vodi kroz suprotstavljanje drugima, i to najviše onima od kojih se najviše zavisi. Već u prvoj, a najkasnije u drugoj godini „...*kod svakog zdravog deteta ... dolazi dan kad se ono suprotstavlja našoj volji, ili snažnim vriskom ili slabim otporom...*", a ponajčešće prkosnim oponiranjem i kršenjem svih zabrana[1].

Ali nemirenje s postojećim na tome se ne završava. Neodoljivu težnju za ispoljavanjem vlastite moći, slobodom i samostalnošću deca praktično izražavaju, kroz razaranje i stvaranje, u dečjim igrama, i to ne samo oponašanjem drugih, već pre svega davanjem oduška sopstvenoj mašti, koja često prelazi i u fantaziju da bi se postojeći svet preuredio po sopstvenoj želji i zamisli. Kod svakog zdravog deteta težnja za samostalnošću je čak toliko izražena da se ono okupirano sopstvenom maštom, i samo za sebe igra, ne obraćajući pažnju na druge i na neka ustaljena pravila igre.

U ranom detinjstvu individualizacija i socijalizacija vrše se pretežno kroz borbu za biološki opstanak i zadovoljavanje fizioloških potreba, u čijoj je funkciji i duhovna aktivnost. Tek od šeste ili sedme godine, kad se ljudska jedinka biološki osamostali, otpočinje intezivnija duhovna aktivnost na usvajanju akumuliranih društvenih znanja, čime se ubrzano intenzivira i proces duhovnog osamostaljivanja, te generičko komuniciranje sa društvenom sredinom.

Na sličan način odvija se individualizacija i socijalizacija i u razvoju ljudskog roda, koji prolazi kroz dve karakteristične faze: jednu sa dominacijom fiziološke nad generičkom, i drugu sa dominacijom generičke nad fiziološkom reprodukcijom ljudske egzistencije. U prvoj

---

[1] Vidi: Christa Meves, *Sudbina djece u našim rukama*, Prijatelji dobre knjige, Đakovo, 1983, str. 91, 94 i 182

fazi individualizacija i socijalizacija se ostvaruju kroz privatizaciju i kolektivizaciju, a u drugoj kroz neposredno generičko osamostaljivanje i povezivanje ljudskih jedinki.

PRIVATIZACIJA I KOLEKTI-VIZACIJA KAO EKONOMSKA OSNOVA INDIVIDUALIZACI-JE I SOCIJALIZACIJE

*S*ocijalizacija je istorijski proces koji započinje prvim du-hovnim kontaktima ljudskih jedinki jer to što ljudsku za-jednicu odlikuje od drugih životinjskih zajednica, nisu fi-zičke, nego duhovne veze, koje među drugim živim bićima, u suštini, ne postoje. A samo utoliko ukoliko se povezuje sa drugima, ljudska je-dinka ispoljava i razvija svoju individualnost, zbog čega se individuali-zacija kao istorijski proces, odvija samo kroz socijalizaciju.

Između čoveka i drugih životinja, pa ni između ljudske zajedni-ce i drugih životinjskih zajednica nema, međutim, apsolutne razlike. Zna se da, pored čoveka, i mnoge druge životinje imaju određene oblike du-ševnog života, pa i duhovnog komuniciranja, ali oni za opstanak njiho-vih zajednica nisu toliko značajni i odlučujući kao što su za ljudsku za-jednicu. To što je doprinelo postepenom odvajanju čoveka od ostalog životinjskog sveta, mogla je biti samo njegova borba za opstanak putem sve većeg aktiviranja određenih moždanih centara i sve većeg duhovnog povezivanja ljudskih jedinki prostorno i vremenski.

Ljudi se, kao **ljudi**, međusobno ne razlikuju po fizičkim, nego po duhovnim svojstvima i sposobnostima duhovnog delanja, i oni su se po tome između sebe mogli početi razlikovati tek kad su se počeli razlikovati od drugih životinja. A s obzirom na relativnu sporost genetskih promena, moralo je proći mnogo vremena dok su duhovne sposobnosti u borbi za ljudski opstanak počele igrati značajniju ulogu. U početku su, kao i kod drugih životinja, bila presudna fizička svojstva, pa su ljudske horde, slično životinjskim hordama, bile taman toliko brojčane koliko je bilo neophodno da se održe u datom prirodnom okruženju.

Sve dok nije postala sposobna da se relativno samostalno bori za svoj opstanak (pribavlja sredstva egzistencije i brani se od neprijatelja), ljudska jedinka nije mogla biti ni društveno samosalna. A sve dok se nije počela osamostaljivati, nije se mogla ni povezivati sa drugim jedinkama; ona je po sili same prirode od rođenja bila povezana sa drugima, baš kao sa svekolikom životnom sredinom; horda još nije predstavljala toliko ljudsku zajednicu koliko prirodnu skupinu koja se više održavala na urođenim instiktivnim vezama nego na svesnom povezivanju.

Možda bi se kao prelomni istorijski trenutak u procesu individualizacije ljudske jedinke mogao označiti početak izrade oruđa i oružja, kada je čovek prvi put počeo da izmišlja neka efikasnija sredstva za obezbeđenje svoje egzistencije od onih koja je nalazio u divljoj prirodi. A to je bio trenutak ispoljavanja njegove duhovne moći i nadmoći nad prirodom, koju je uspeo da oblikuje prema sopstvenoj zamisli, da svoju ideju o nečem savršenijem od same prirode opredmeti i stavi u funkciju svoje egzistencije. Od tog trenutka on je počeo da svoju individualnost eksponira u spoljašnjem svetu jer su predmeti koje je izrađivao predstavljali njegovo sopstveno delo, otuđeno, različito, ali identično sa njegovim bićem.

To je istovremeno bio i prelomni istorijski trenutak socijalizacije ljudske jedinke. Proizvod u kome je opredmećena prva zamisao neke ljudske individue, postao je dostupan drugim individuama kao potencijalnim korisnicima, čijom je upotrebom tuđeg proizvoda već uspostavljen određeni društveni odnos. Ali upotrebom samog proizvoda društvena komunikacija bi bila prekinuta da nije trajno ostala sama zamisao proizvoda i načina njegove izrade, koja je unedogled prenošena sa pojedinca na pojedinca i sa generacije na generaciju, pretvarajući se u polazište novih, sve brojnijih zamisli.

Korišćenje tuđih saznanja i zamisli je opšti oblik socijalizacije jer nema ni jedne ljudske individue koja se oslanja isključivo na sopstvenu pamet. Ali stvaranje novih, još nekorišćenih saznanja i zamisli je viši stepen socijalizacije, koji se izdiže iznad opšte socijalizacije, i po kojem se generičke ličnosti kao glavni nosioci razvoja ljudskog roda i ljudskog zajedništva, zapravo razlikuju od ostalih individua.

Samim tim, viši stepen socijalizacije znači istovremeno i viši stepen individualizacije. Kao glavni nosioci razvoja, generičke ličnosti su generatori intenzivnije i šire društvene komunikacije, kako kroz korišćenje starih, tako i kroz prenošenje novih saznanja i zamisli. A kroz povećanje društvenosti, one povećavaju i svoju individualnost, koja je tim veća što je veće društveno povezivanje sa drugim individuama.

Iz toga proističu generičke težnje čoveka, koje su istovremeno izraz životnih težnji za većom slobodom i nužan uslov opstanka, da smanjivanjem fizičkog rada stalno povećava duhovnu aktivnost. Ako ne bi ni nastao, bez duhovne aktivnosti ljudski rod ne bi ni opstao, zbog čega je ona istovremeno i nužnost i sloboda ljudskog bića, koje ne misli samo zato što mora već i zato što hoće; moranje i htenje, nužnost i sloboda su ovde jedno te isto. Kao generičko biće čoveka, mišljenje je i nastalo poigravanjem prirode sa samom sobom, kroz koje se prirodna nužnost pojavljuje kao sloboda, a sloboda kao nužnost, ili kao nužna sloboda i slobodna nužnost.

Težnja da, i po nuždi i po slobodnoj volji, razvija svoje generičko biće, otpočetka je vukla čoveka da se obračunava i sa prirodom i sa samim sobom, i ne bi se mogao obračunavati sa prirodom bez obračunavanja sa sobom pošto je i sam neodvojivi deo prirode. A obračunavanje čoveka sa samim sobom nije bilo moguće bez obračunavanja čoveka sa čovekom, jednih individua sa drugim individuama, s obzirom da je u svima jedno društveno biće i da je svaka od njih samo generički produžetak onih drugih.

Obračunavanje jednih individua sa drugim pretvoreno je u trajan društveni odnos prisvajanjem tuđeg rada. Kao način obračunavanja sa prirodom, rad je otpočetka bio i ostao glavni faktor osamostaljivanja ljudske individue, i prema prirodi i prema drugim individuama, a odlučujuću ulogu u tome nije imao fizički, već umni napor da se u obezbeđenju životne egzistencije lakše savlada otpor životne sredine. Što su umnim dovijanjem više usavršavana sredstva rada, pojedinac se mogao sve više osamostaljivati, pre svega u samom radu i obezbeđivanju sredstava za život, a sa time i u svekolikom životu.

Dok su sredstva i način rada još bili primitivni, i dok zbog toga nisu stvarani nikakvi viškovi proizvoda, sredstva za život obezbeđivana su čoporativno, pa se, od danas do sutra, čoporativno i živelo. Čak i kad je sa razvojem stočarstva i zemljoradnje zemlja postala glavno sredstvo proizvodnje, ona je dugo predstavljala nedeljivu kolektivnu svojinu, pa je još „...*u doba Cezara kod Sueva postojala ne samo zajednička svojina, već i zajedničko obrađivanje za zajednički račun*"[1]. Na toj osnovi pojedinci se, ni po načinu rada ni po načinu života, nisu međusobno mnogo razlikovali, pa se nisu ni isticali kao izrazito samostalne individue.

Do individualizacije ljudske jedinke moglo je dolaziti samo s individualizacijom ljudskog rada, ukoliko je pojedinac s usavršavanjem

[1] Fridrih Engels, *Poreklo porodice, privatne svojine i države*, K. Marks, F. Engels, Izabrana dela, Kultura, Beograd, 1950, str. 183

sredstava i načina proizvodnje postajao sposoban i sve sposobniji da samostalno proizvodi sredstva svoje egzistencije. A individualizacija proizvodnje podrazumevala je i odgovarajuću individualizaciju proizvodnih sredstava, i to ne samo proizvodnih oruđa, nego i obradive zemlje kao glavnog sredstva proizvodnje. Nedeljiva plemenska zemlja, na kojoj su u početku kolektivno napasana samo plemenska stada, deljena je i dodeljivana, radi bolje obrade, najpre rodovskim zajednicama, a potom i porodičnim gazdinstvima, pri čemu su „...*rodovske starješine i vjerski poglavari grabili sebi najbolje oranice, livade i primjerke zajedničke stoke*"[1].

Privatizacija je na taj način postala osnova individualizacije. Ko je prigrabio plodnije parče zemlje, mogao je proizvoditi bolje i uspešnije, više ispoljavati svoje individualne sposobnosti i samim tim sticati veći lični ugled, čak i ako nije odskakao po prirodnoj nadarenosti. Umesto živog rada i radnih sposobnosti, opredmećeni rad i spoljašnji uslovi rada postali su odlučujući činioci individualizacije. Vlastitost je potisnulo vlasništvo, koje je za čoveka postalo druga, ali sudbonosna, njegovim vlastitim radom oblikovana priroda, pa „...*ko oduzme čoveku svojinu, uništava ga time kao individuuma...*" jer „...*on doživljava sebe kao ličnost prevashodno na osnovu svojine koju poseduje ili kontroliše...*", zbog čega je „...*ideja privatne svojine postala nešto sveto, što se više ili manje izjednačava sa slobodom ili ličnim identitetom*"[2].

Pošto je svojina zaista postala neposredni izvor moći i slobode, nije bilo teško doći na ideju prisvajanja tuđeg rada i pretvaranja drugih individua u sredstvo sopstvene individualizacije. Već su nejednakom raspodelom plemenske imovine stvarani uslovi da se jedni bogate na račun drugih; ko je prigrabio bolju zemlju i stoku, on je stekao monopol da sa istim radom proizvodi više od drugih koji su u raspodeli lošije

---

[1] Adolf Dragičević, *Robovlasništvo*, Znanje, Zagreb, 1958, str. 7

[2] Erih From, *Revolucija nade*, Grafos, Beograd, 1978, str. 162

prošli, a čim se sa povećanjem produktivnosti počeo proizvoditi i nekakav višak iznad egzistencijalnog minimuma, odmah su se našli oni koji su ga monopilisali za sebe.

Još su stari vrači primali poklone za svoja vračanja, bez obzira da li su zaista pomogli nesrećnim darodavcima, a robovlasništvo je poniklo iz ideje o pretvaranju zarobljenika u robove čim se pokazalo da su mogli proizvesti više nego što je bilo neophodno za njihovo izdržavanje. Time je proces individualizacije jednih, zaustavljen ili bar usporen za račun individualizacije drugih; dok je otuđivanje svojeg i prisvajanje tuđeg rada, jedne onemogućavalo, drugima je omogućavalo da povećavaju ličnu moć i slobodu kao osnovu svoje individualnosti.

Da bi relativno mali broj pojedinaca mogao znatnije da poveća svoju društvenu moć i slobodu, morala je, prisvajanjem celokupnog viška proizvoda, ogromna većina biti lišena te mogućnosti. Ukoliko nije imao nikakvu imovinu, rob nije imao ni društvenu moć i slobodu, koji su na tom stadijumu individualizacije potpuno izjednačavani sa imovinskim stanjem. Maksimalna individualnost na jednoj, podrazumevala je maksimalnu lišenost individualnosti na drugoj strani, jer je s potpunim otuđivanjem viška proizvoda od proizvođača, u istoj meri otuđivana i njegova društvena moć.

Lišavanjem individualnosti, rob je lišavan i društvenosti, pa nije tretiran ni kao individua ni kao društveno biće, već je pravno svrstavan među tegleću marvu, sa kojom je vlasnik mogao raspolagati kako je hteo[1]; bez svojinskog subjektiviteta, rob je mogao biti samo svojinski objekat kao i svaka druga roba, koju su samo drugi mogli prodavati i

---

[1] Vidi: D.G. Rreder, E.A. Čerkasova, *Istorija starog vijeka*, dio I, Zavod za izdavanje udžbenika, Sarajevo, 1972, str. 209

kupovati. Ovde je jasnije no igde da su individualnost i društvenost samo različite strane jednog te istog društvenog odnosa, i da bez jedne ne može biti ni druge.

Sudbonosna međuzavisnost individualnosti i društvenosti zasniva se na istoj takvoj međuzavisnosti privatnosti i kolektivnosti, koje predstavljaju suprotstavljene, ali neodvojive polove svojinskog odnosa, tako da svojina „...*ima u sebi oba ova suprotna, protivrečna momenta: momenat pojedinačnosti i momenat opštosti...*"[1], zbog čega je „...*svojina privatna i javna u isto vreme*"[2]. I zato privatizacija i kolektivizacija ne predstavljaju različite društvene procese koji se istorijski smenjuju, nego jedinstven istorijski proces kroz koji se one istovremeno odvijaju.

Nije stoga privatna svojina nastala iz kolektivne svojine, kao što ni kolektivna nije mogla nastati iz privatne, nego su obe nastale iz jednog nedefinisanog embrionalnog stanja u kojem nikakvi svojinski odnosi još nisu postojali, pa nije bilo ni izražene individualnosti i društvenosti. „*Imovina kod divljaka nije bila nimalo značajna...*", i „...*strast za posedovanjem jedva se javljala u njihovoj svesti*"[3], pa se, analogno razvoju vrste, i kod dece želja za prisvajanjem javlja tek u petoj godini života, kada „...*dete počinje da traži svoju samostalnost...*"[4], ali naročito kroz kolektivne igre i sve veće druženje sa decom.

U početku je individualno bilo sve što je zajedničko, a zajednički posed neke ljudske skupine doživljavan je kao individualni posed u odnosu na posede drugih skupina, pa se i jedinka gotovo u potpunosti

---

[1] Hegel, *Fenomenologija duha*, isto, str. 253

[2] Jirgens Habermas (navod Rusoa), *Javno mnenje*, Kultura, Beograd, 1969, str. 126

[3] Luis H. Morgan, *Drevno društvo*, Prosveta, Beograd, 1981, str. 451

[4] Doris Odlam, *Duševni život vašeg deteta*, Medicinska knjiga, Beograd, 1963, str. 90 i 92

identifikovala sa svojom skupinom, tako da su jednina i množina, „ja“ i „mi“ praktično izjednačavani. *„Član primitivnog plemena može da izrazi svoje osećanje identiteta u formuli „ja i mi“; on ne može još sebe da shvati kao „individuu“ koja postoji odvojeno od njegove grupe“*[1].

Identifikovanje ljudske jedinke sa samom sobom otpočelo je tek sa individualnim prisvajanjem grupne imovine, najpre ličnog nakita, ručnih alatki, stoke, i naročito obradive zemlje, ali su upravo time, i samo time, radi održavanja i jedinke i vrste, izazivane suprotne tendencije podruštvljavanja i kolektivizacije jer se podruštvljavati i kolektivizirati može samo nešto što je individualno i privatno. Ne samo što je, kao protivteža privatnom, ustoličeno kolektivno, najpre plemensko, a potom i državno vlasništvo, nego je radi sankcionisanja i samog privatnog vlasništva, morao biti uspostavljen kolektivni svojinski subjektivitet plemena i države.

Iako je privatna svojina metafizički definisana kao apsolutno ili neograničeno pravo raspolaganja stvarima, već samim oktroisanjem svojinskih prava zajednica se, kao ograničavajući faktor, postavlja iznad individue. Još je u prvobitnoj zajednici običajnim normama ograničavano raspolaganje svojinskim objektima, a i država je, kao vrhovni arbitar, nastala pre svega radi uređivanja svojinskih odnosa putem pravnih normi, koje se moraju poštovati nezavisno od lične volje vlasnika.

Zato sva *„...tri zakonodavstva - rimsko, germansko i slovensko koja Evropom vladaju, smatraju da samo Država ima apsolutno pravo nad jednom stvari, koju mi nazivamo rečju svojina“*[2], jer je *„...vrhovna vlast nad svim stvarima kao i ljudima na jednoj teritoriji u rukama suverene državne vlasti“*. Država *„...svojim aktima određuje meru svih prava i obaveza, pa i svojine nad stvarima...“*, i ona *„...može kad god*

---

[1] Erih From, *Zdravo društvo*, isto, str. 80

[2] E. od Lavlej (navod Maynz-a), *Svojina i njeni prvobitni oblici*, izdanje Fonda Dimitrija S. Nikolića - Belje, Beograd, 1899, str. 50l

hoće da ograniči, ukine svačiju svojinu i da sva svojinska ovlašćenja prenese na sebe"[1].

Ali država nije samo vrhovni donator svojinskih prava, nego je i neposredni korisnik, ne samo sopstvene, već i celokupne privatne imovine. Svaki pivatni vlasnik je ne samo državni podanik u raspolaganju svojim vlasništvom, već i poreski obveznik u korišćenju svoje imovine jer je svaka država nezaobilazni rentijer i poverilac koji bez ugovora i pogovora ubira prihode na svu nepokretnu i pokretnu imovinu.

Neograničene privatne svojine, ne bi, međutim, moglo biti i da nije države. Kao ekonomsko-pravni izraz otuđenog ljudskog rada, koji je po svojoj prirodi društvena delatnost, i svojina po svojoj prirodi predstavlja društveni odnos između vlasnika i nevlasnika, te između samih vlasnika, jer apsolutnih nevlasnika kao ni apsolutnih vlasnika nema. Iako je samo starešina porodičnog gazdinstva pred državom legitimni vlasnik, on stvarno nije niti može biti isključivi vlasnik porodične imovine, kojom faktički iako ne podjednako, raspolažu svi članovi porodičnog domaćinstva jer ne samo što je svi koriste, nego i, više ili manje, neposredno ili posredno, i odlučuju o njenoj sudbini. Ni u najpatrijarhalnijoj porodici starešina nije mogao činiti sve što je hteo, već se morao konsultovati sa ostalim članovima porodice[2].

Potpune diskriminacije nije bilo niti je moglo biti ni u najokorelijem robovlasništvu. Iako je potpuno obespravljen, rob je faktički korisnik robovlasničke imovine jer ne samo što veliki, pa i najveći deo proizvoda koristi za svoje izdržavanje, već upotrebom raspoloživih sredstava rada zadovoljava i najprimarniju ljudsku potrebu za samim radom. Već po tome on je stvarni sudionik u raspolaganju robovlasničkom imovinom, čak i kad bi se moglo zanemariti to da je posredno

---

[1] Dr Radomir Lukić, *Društvena svojina i samoupravljanje*, Savremena škola, Beograd, 1964, str. 35
[2] Vidi: E. od Lavlej, isto, str. 418

(svojim odnosom prema radu, sredstvima proizvodnje i samom gospodaru), a često i neposredno (svojim zahtevima, predlozima i na druge načine) uticao i na upravljanje robovlasničkim gazdinstvom.

Pravno izjednačavanje roba sa svojinskim objektom moglo je predstavljati samo ideološku diskriminaciju u funkciji maksimalne eksploatacije. Kao glavna proizvodna snaga, rob je predstavljao ključnu polugu robovlasničkog gazdinstva, čija se individualnost, ma koliko da je potcenjivana i potiskivana, morala uvažavati. A koliko je bilo omogućeno ostvarivanje njegove individualnosti, toliko je ostvarivana i njegova društvenost; kao pripadnik robovlasničkog gazdinstva, on je bio aktivan član osnovnog proizvodnog kolektiva na kojem se zasniva ceo društveni poredak.

Održavajući se na društvenom minimumu neophodnom za održavanje i reprodukovanje robovlasničkog poretka, individualnost i društvenost roba se kroz otuđivanje robovskog rada u stvari stalno otuđuje u individualnost i društvenost robovlasnika. Na tome se zapravo zasniva društvena međuzavisnost roba i robovlasnika. Mada je u individualnim odnosima zavisnost roba od robovlasnika maksimalna, a zavisnost robovlasnika od roba minimalna, u globalnom društvenom odnosu zavisnost je podjednaka: robovlasnička klasa je od robovske klase zavisna isto toliko koliko i robovska od robovlasničke.

Tome odgovara i društvena samostalnost suprotstavljenih klasa i njihovih pripadnika, koja je u osnovi proporcionalna njihovom imovinskom stanju. Rob je pojedinačno nesamostalan prema robovlasniku koliko je robovlasnik samostalan prema robu, ali je stepen njihove globalne međuklasne samostalnosti podjednak jer najveće bogatstvo robovlasnika čine upravo robovi, bez kojih on potpuno gubi robovlasničku samostalnost, a pod pretpostavkom gubljenja monopola i na sredstvima proizvodnje izjednačava se sa robom.

Samostalnost jednih, mogla se putem prisvajanja tuđeg rada povećavati samo na račun samostalnosti drugih, čime je istovremeno ubrzavan i usporavan društveni progres. Zbog toga je proces individualizacije i socijalizacije na bazi privatizacije i kolektivizacije, kroz celu istoriju proizvođačkog i klasnog društva tekao poput klackalice, pri čemu su istorijski preokreti nastajali uvek kad su zastranjivanja ugrožavala društveni razvoj i opstanak. Osamostaljivanje jednog na račun drugog dela društva ne bi moglo ići bez društvenih konfrotacija i lomova, koji su za krajnji rezultat ipak imali individualizaciju i opštu socijalizaciju.

Već je prvi istorijski talas privatizacije naišao na masovni otpor svih obezvlašćenih i podvlašćenih koji su sa gubljenjem imovine gubili i svoju samostalnost. Sve velike religije nastale su kao izraz opšteg protesta sve siromašnije i sve bespomoćnije sirotinje protiv sve bogatijih i sve moćnijih bogataša, nudeći pored ostalog, i slabašnu utehu za izgubljeno, da će „...*pre kamila proći kroz iglene uši nego bogataš u carstvo nebesko"*. Ali ništa se utešnije nije ni moglo ponuditi jer se izgubljeno nije moglo povratiti a da se dalji razvoj i sam opstanak društva ne dovede u pitanje.

Privatizacija je predstavljala jedini put dalje individualizacije ljudske jedinke, na čijim se osnovama jedino mogla odvijati i dalja socijalizacija. „*Niska pohlepa je bila pokretačka snaga civilizacije od njenog prvog dana do danas...*"[1], jer „...*u uslovima oskudice samo eksploatacija masa od strane privilegovanih omogućuje razvitak civilizacije*"[2]. A da niska pohlepa ne bi dovela do raspada i propasti društva, morala se, kao protivteža privatizaciji, vršiti i kolektivizacija ali na osnovama same privatizacije.

Glavnim činiocem te protivteže mogla je postati samo tako moćna društvena sila koja poseduje monopol na društvenu silu i nasilje, i

---

[1] K. Marks, F. Engels, Dela, Prosveta, Beograd, tom XXXII, str. 139
[2] Moris Diverže, *Uvod u politiku*, Savremena administracija, Beograd, 1966, str. 59

ona se pojavila u obliku države kao opšteg zaštitnika društvenog zajedništva i društvenih interesa. Kanalisanjem privatizacije u interesu samih privatnih vlasnika, država je postala osnovna i jedino moguća poluga individualizacije i socijalizacije na osnovama privatizacije, koje su u osnovi svedene na individualizaciju i socijalizaciju samih privatnih vlasnika.

U takvoj funkciji države ovaploćeno je protivrečno jedinstvo privatizacije i kolektivizacije, i same individualizacije i socijalizacije na toj osnovi. Država je postala kolektivno vlasništvo privatnih vlasnika, i privatno vlasništvo vlastelinskih klasa; arbitrarni zaštitnik jednih od drugih: privatnih i kolektivnih, individualnih i društvenih, posebnih i opštih interesa, pojedinca od zajednice i zajednice od pojedinaca. Zato je ona, zajedno sa privatnom svojinom kao svojom štićenicom: i voljena i mržena, i hvaljena i kuđena, i branjena i napadana, jer se kroz nju istovremeno prelamaju i podudarnosti i suprotnosti privatizacije i kolektivizacije, individualizacije i socijalizacije.

Masovni otpor prvom istorijskom talasu privatizacije ne bi mogao biti savladan bez istovremene kolektivizacije samih privatnih vlasnika, odlučnih da udruženim snagama uz pomoć državnog nasilja odbrane svoje klasne interese. Kolektivizacija je od samog početka krenula putem etatizacije jer se klasno zajedništvo nije moglo ni uspostaviti ni održavati bez sile i nasilja. Robovlasnička država je nastala kao prvi iznuđeni oblik prinudnog zajedništva međusobno suprotstavljenih klasa koje ne mogu ni jedna sa drugom ni jedna bez druge.

U funkciji klasne eksploatacije, uspostavljanje takvog zajedništva predstavljalo je prelomni istorijski trenutak u procesu individualizacije i socijalizacije ljudske jedinke, koji je od tog trenutka krenuo ubrzanim tempom. Oslobođen proizvodnog rada, bar jedan, iako relativno mali deo društva mogao se posvetiti duhovnom stvaralaštvu, kojim su za relativno kratko vreme postavljeni temelji savremene kulture, nauke i umetnosti kao osnovnih pretpostavki individualizacije i socijalizacije.

Ali zbog toga što ostvarivanje generičkih težnji putem eksploatacije i prisvajanja tuđeg rada obezbeđuje samo jednom delu na račun drugog dela društva, svaki klasni poredak sam sebi postavlja nepremostive granice individualizacije i socijalizacije, koje se stoga mogu premostiti jedino rušenjem celog poretka. Svođenjem individualnosti roba na najniži mogući minimum, robovlasništo je i mogućnosti za povećavanje produktivnosti robovskog rada, pa time i za povećanje ekonomske moći i individualnosti robovlasnika, svelo u određene granice, koje se na osnovama samog robovlasništva nisu mogle dalje širiti.

Mogućnosti većih nasilnih prisvajanja van tih okvira pružala su ratna osvajanja, ali što su se ona više širila, robovlasništvo je postajalo sve nepodesnije za pokoravanje i izrabljivanje drugih naroda, zbog čega je zamenjeno feudovlasništvom. Stari klasni poredak morao je biti zamenjen novim klasnim poretkom, zasnovanim i na većoj privatizaciji i na većoj kolektivizaciji od robovlasništva.

Da bi se motivisao da više proizvodi, proizvođač je morao dobiti više samostalnosti u raspolaganju sredstvima proizvodnje, radi čega je iz pozicije roba preveden u poziciju kmeta. Dok je rob bio pod neposrednom kontrolom robovlasnika, uvođenje feudalne rente je takvu kontrolu učinilo izlišnom. Uz odrađivanje radne rente, kmet je na okućnici koju je dobijao za sopstveno izdržavanje, mogao proizvoditi šta je hteo i kako je hteo, ali su ga i pri naturalnoj i novčanoj renti u tome ograničavale samo obaveze prema vlastelinu. Time je stvoren privid da kmet radi samo za sebe, što je uticalo na povećanje njegove proizvodne motivacije iako je kao i rob lišavan celokupnog viška proizvoda.

To je omogućilo da se sa neposrednog pređe na daljinsko upravljanje proizvodnim snagama i da se zahvaljujući tome, sa većom individualizacijom, izvrši na vazalnom principu i veća socijalizacija zemljovlasništva, koje je iz relativno nezavisnih robovlasničkih poseda transformisano u jedinstven hijerarhijski ustrojen sistem feudalnog vlasništva sa državnim suverenom na vrhu kao vrhovnim vlasnikom. U državnom suverenu ovaploćeno je jedinstvo individualnog i kolektivnog subjektiviteta feudalnog vlasništva, koje istovremeno fungira kao privatno vlasništvo suverena i kolektivno vlasništvo celokupne feudalne vlastele pa i celokupnog kmetstva ukoliko ono faktički sudeluje u raspolaganju sredstvima društvene reprodukcije.

Neposredna fizička prinuda nad proizvođačem, koja je odlikovala robovlasništvo, morala je, u funkciji eksploatacije i prisvajanja tuđeg rada, biti nadomeštena duhovnom prinudom; da bi se privoleo da bez batina radi za vlastelu, kmetu je, pored srca, valjalo uzeti i dušu, radi čega je bič marveni zamenjen bičem božijim; fizička nezavisnost morala je biti plaćena previsokom ljudskom cenom-duhovnom zavisnošću. Kao opijum napaćenih masa, religija je iz duha naroda preobraćena u dušu države, iz zaštitnika ugnjetenih u zaštitnika ugnjetača; vrata raja se pred sirotinjom zalupiše, a za bogataše širom otvoriše; crkva postade najvažnija državna institucija i najmoćniji veleposednik, a državni poglavar se preobrati i u duhovnog vrhovnika, božijeg izaslanika, i samog boga.

Oduzimanjem duše, kmetu je oduzimana individualnost. Dok je rob predstavljao fizičkog roba, kmet je preobraćen u duhovnog roba; fizička sloboda plaćena je duhovnim ropstvom. I dok je robu mogućnost društvenog komuniciranja uskraćivana fizičkim okovima, duhovni okovi kmetstva omogućili su samo idiotsku komunikaciju sa umišljenim božanstvom, to jest sa samim sobom.

Ceo srednji vek protekao je u velikom grču čovečanstva da razbijanjem robovlasničkih okova izvrši opštu koncentraciju proizvodnih snaga i potpunu centralizaciju društvenog bogatstva, što je na osnovama relativno oskudne naturalne proizvodnje bilo samo delimično moguće, i to po cenu gušenja opšte individualnosti i slobode duhovnog delovanja u prilog neograničene vlasti i samovolje vrhovnog poglavara. I zato sada umesto fizičkih okova, duhovni okovi zapretiše daljem napredovanju i samom opstanku čovečanstvu, koje se ne može održati bez stalnog duhovnog napredovanja.

Da bi se dalje napredovalo, klatno društvenih promena moralo je ponovo krenuti putem individualizacije, koja se na viši nivo mogla podići samo legalizovanjem opšte pivatizacije. Kao osnova individualnosti, privatna svojina je proglašena za neograničeno pravo svih i svakoga makar se svodila samo na raspolaganje sopstvenom radnom snagom. Na toj osnovi mogli su prvi put u istoriji ljudskog roda biti proklamovani sloboda, bratstvo i jednakost svih ljudi, i to ne samo pred bogom i carem, nego svakog pred svima i svih pred svakim.

Iako je privatizacija kao uslov ekonomskog razvoja društva, otpočetka predstavljala opštedruštveni proces, privatna svojina nije mogla biti proglašena za opšte građansko pravo sve dok je glavno sredstvo proizvodnje i stoga glavni objekt prisvajanja bila zemlja, koja se ne može cepati u paramparčad a da se time ne ugrozi sama proizvodnja, zbog čega je kao protivteža rasparčavanju i privatizaciji, stalno jačala tendencija ukrupnjavanja, kolektivizacije i centralizacije zemljovlasništva. „*Smatrajući da zemlja nije produkt rada, već da je prva materija ili izvor iz koga se crpe sve što je nužno za život...*", i „*...da je individualno prisvajanje zemljišta uzrok sirotinji, ropstvu i eksploatisanju rada...*", međunarodni Kongres za agrarnu reformu je u Parizu 1889. godine čak jednoglasno „*...izjavio da individualne svojine zemljišta treba da nestane, i da se zameni svojinom kojom bi se svi koristili*"[1].

Sve dok je predstavljala glavno sredstvo za proizvodnju, zemlja je, međutim, bila i glavni objekt prisvajanja bez kojeg nije moglo biti prisvajanja ni sopstvenog ni tuđeg rada. A pošto se sama ljudskim radom ne može proizvoditi, glavno sredstvo njenog prisvajanja je fizička

---

[1] E. od Lavlej, cit. rad, str. 322

sila, zbog čega je uz zemljoradnju ratovanje oduvek predstavljalo glavno zanimanje, a feudalizam je i građen po principima vojne organizacije s osnovnim ciljem osvajanja i prisvajanja tuđih teritorija. I sam individualitet jedne zemlje prema drugim zemljama meren je pre svega veličinom njene teritorije te njenim osvajačkim i odbrambenim sposobnostima.

Ali kao ograničeni prirodni resurs, zemlja pruža i ograničene mogućnosti prisvajanja i uvećavanja materijalne osnove društva. Zato je sav višak proizvodnog rada koji nije korišćen za poboljšanje plodnosti zemlje, izradu savršenijih oruđa i naoružavanje, trošen na rasipništvo obesne vlastele i gradnju nerentabilnih objekata (piramida, kula, zidina, hramova, raskošnih zamkova i sl.) kojom je ona gradila svoj individualitet, povećavajući svoju moć i nadmoć nad izrabljivanim proizvođačkim masama.

Rasipnički individualitet feudalne vlastele dostigao je svoju kulminaciju sa novčanom rentom pošto je gotov novac znatno olakšavao ispunjavanje nezajažljivih hedonističkih požuda i utrkivanja za društvenim prestižom, koji se zasnivao na rasipništvu. Ali to je istovremeno bio i početak kraja takve individualizacije jer sem rasipanja, novac može i da se oplođava, krozašta su se već nazirale razvojne mogućnosti koje su nagoveštavane univerzalnošću njegovih ekonomskih funkcija.

Za razliku od zemlje, novac je izraz čiste ekonomske vrednosti, koja se bez ograničenja može stvarati ljudskim radom, pa se bez ograničenja može i prisvajati i prisvojenim po volji raspolagati, što omogućava da svako bude njen legitimni vlasnik bez obzira na novčanu masu kojom raspolaže. Zahvaljujući tome, novac je kao opšta mera vrednosti pomoću koje se sve može prisvojiti i sve otuđiti, mogao postati i predmetom opšteg prisvajanja za sve i svakoga, ali on je to postao, a i morao je postati, tek kad je umesto zemlje postao osnovnim i glavnim sredstvom proizvodnje.

Glavnim sredstvom proizvodnje novac je mogao postati tek kad se ljudski rad odvojio od zemlje i kad je umesto zemljoradnje i manuelne obrade, industrijska prerada pirodnih sirovina postala glavnom proizvodnom delatnošću. Osamostaljivanje proizvodnog rada kao neposrednog izvora otuđene ekonomske vrednosti, omogućilo je da se i novac, kao opšti izraz te vrednosti, izdigne u relativno samostalnu društvenu silu, koja se mora stalno održavati i uvećavati baš kao što se stalno i sve više mora proizvoditi da bi se opstalo jer je upravo ta sila kao opšti izraz ekonomske vrednosti istovremeno i opšti uslov proizvodnje.

Osamostaljivanje proizvodnog rada podrazumevalo je i osamostaljivanje proizvođača, koji je od proizvodnog dodatka zemlji postao osnovni činilac industrijske proizvodnje. Dok prinos zemlje više zavisi od njene plodnosti i atmosferskih prilika nego od uloženog rada, industrijski rad je presudni činilac i kvaliteta i količine dobijenog proizvoda, pored ostalog i zbog toga što se tamo predmet rada uglavnom obrađuje, a ovde se uglavnom prerađuje. Stoga je s industrijalizacijom ljudski rad postao presudniji i značajniji za ljudsku egzistenciju i društvenu reprodukciju nego što je ikada bio, i to u tolikoj meri da je morao biti javno priznat i legalizovan kao osnov i predmet opšteg prisvajanja.

Iako je i robu i kmetu faktički pripadao deo proizvoda neophodan za održavanje životne egzistencije, oni su javno tretirani kao izdržavana radna snaga, bez pravne garancije bilo kakvog egzistencijalnog minimuma, pa i bez prava da sami sobom raspolažu jer je to pravo pripadalo isključivo njihovom vlasniku. Oslobođen takve zavisnosti, industrijski radnik je, radi same industrijske proizvodnje, morao dobiti svojinski subjektivitet nad sopstvenom radnom snagom jer je o svom izdržavanju sam morao brinuti, pa ukoliko nije imao sredstva da sam proizvodi, radna snaga mu je bila jedina raspoloživa roba čijom je prodajom mogao obezbeđivati svoju egzistenciju.

Već samim sticanjem svojinskog subjektiviteta nad sopstvenom radnom snagom, proizvođač je stekao veću samostalnost od one koju je imao kao izdržavana radna snaga, a ukoliko je raspolagao i sredstvima potrebnim za samostalno privređivanje, on je predstavljao dovoljno samostalnu individuu za ravnopravno opštenje sa drugim individuama. Slobodan seljak, zanatlija i trgovac imali su za kmeta zavidnu samostalnost i društveni ugled, kojima je on neodoljivo težio spasavajući se po svaku cenu ponižavajuće kmetske zavisnosti.

Nedostatak novca kao osnovnog proizvodnog sredstva, nije, međutim, još omogućavao opšte osamostaljivanje proizvođača, zbog čega je sam industrijski rad polarizovan na živi i opredmećeni rad u obliku najamnog rada i kapitala, na osnovu čega je izvršena i odgovarajuća vlasnička polarizacija na proletarijat i buržoaziju. Pošto je razvoj industrijske proizvodnje zahtevao ubrzano uvećavanje kapitala kao osnovnog sredstva proizvodnje, koje se moglo obezbediti samo povećanom eksploatacijom, bilo je neophodno i ubrzano uvećavanje najamnog rada i najamne radne snage, potpomognuto pored ostalog i nasilnom eksproprijacijom seljaštva kao najbrojnije populacije.

Time je opšta privatizacija, koja je nagoveštena ukidanjem centralizovanog vazalnog zemljovlasništva i pretvaranjem kmetova u samostalne privrednike, uveliko svedena na proletarizaciju kao polaznu osnovu industrijalizacije. Tehnološko spajanje najamnog rada i kapitala, na kojem počiva industrijska proizvodnja, imalo je za neizostavnu pretpostavku njihovo vlasničko razdvajanje. Proletarizacija je predstavljala nezamenjivu polugu ubrzane industrijalizacije i još brže akumulacije kapitala, koji se bez najamnog rada nije mogao sam od sebe oplođavati pošto on i nije ništa drugo do sam opredmećeni i od najamnog radnika otuđeni rad. Pa i cela od prirode osamostaljena industrijska delatnost, počiva, u krajnjoj liniji, na samom polarizovanom najamnom radu, sposobnom da, nezavisno od ćudljivih prirodnih sila, reprodukuje i samog sebe i celokupno društveno bogatstvo.

Oslobađajući se zavisnosti od ćudljivih prirodnih sila, čovek je s industijalizacijom počeo da se oslobađa zavisnosti i od sila koje je kao zarobljenik prirode, sam izmišljao i zamišljao. Ukoliko je stvaralačke sile za ispunjavanje svojih želja pronalazio u samom sebi, on je sve manje osećao potrebu za prizivanjem umišljenih sila izvan sebe; vera u sebe počela je da potiskuje veru u boga, čime je od religijskih okova sve više oslobađana najmoćnija stvaralačka snaga čoveka kao nepresušni izvor njegove individualizacije i socijalizacije.

To, međutim, nije dovoljno za punu slobodu stvaranja koje bi proisticalo iz generičke potrebe za samim stvaranjem. Stvaralačke snage stavljene su prevashodno u funkciju ubrzane individualizacije i akumulacije kapitala, radi čega je profit kao priraštaj kapitala, postao glavni motiv industrijskog društva i glavna pokretačka sila svih društvenih aktivnosti, pa „...*kapitalistički princip da svako, težeći sopstvenom profitu, doprinosi sreći svih, postaje vodeći princip ljudskog ponašanja*"[1].

Umesto uvećavanja zemljoposeda, čiji bi krajnji domet mogao biti zaposedanje celokupnog korisnog zemljišta, sad je uvećavanje profita, kojem praktično nema kraja, postalo glavni motiv utrkivanja, i ako su osvajanje i prisvajanje zemlje i dalje interesantni, oni su uglavnom u funkciji profita. I dok je zemlja osvajana i prisvajana prevashodno silom, profit se, uz oslanjanje na silu, stvara i prisvaja prevashodno ekonomskom utakmicom i tržišnom konkurencijom, pri čemu je za prvi oblik prisvajanja od presudnog značaja naoružavanje, a za drugi unapređivanje tehnike, tehnologije i organizacije proizvodnje.

U oba slučaja, prisvajanje je pod snažnom tendencijom sve veće koncentracije i centralizacije vlasništva jer svako teži da svoj posed uveća ne samo sopstvenim radom već i prisvajanjem tuđeg rada i vlasništva. Zato se privatizacija stalno vrši kroz deprivatizaciju, jer prisvajanja na jednoj, ne može biti bez otuđivanja na drugoj strani; bogaćenje sve manjeg, vrši se na račun siromašenja sve većeg broja vlasnika.

---

[1] Erih From, *Zdravo društvo*, isto, str. 101

Ekonomska utakmica i tržišna konkurencija vodile su koncentraciji i centralizaciji kapitala u posedu sve manjeg broja vlasnika, sa tendencijom da se skoncentriše u posedu države kao jednog jedinog vlasnika, a u međunarodnim razmerama u posedu sve manjeg broja država, i u krajnjoj instanci SAD kao ekonomski najmoćnije države. *„Dok je početkom XIX veka približno četiri petine zaposlenog stanovništva pripadalo grupi samostalnih preduzetnika, oko 1870. godine samo jedna trećina, a 1940. godine ovaj stari srednji sloj obuhvatao je samo jednu petinu zaposlenog stanovništva, tj.samo 25% njegove relativne moći od pre sto godina. U dvadeset sedam hiljada gigantskih firmi, koje čine samo 1% svih firmi u Sjedinjenim Državama, radilo je više od 50% svih zaposlenih ljudi, dok je, s druge strane, u 1.500.000 nepoljoprivrednih preduzeća, koje vodi jedan preduzetnik, bilo zaposleno samo 6%*[1]. A *„...internacionalizacija kapitala vrši se pod apsolutnom dominacijom američkog kapitala..."* jer *„...kada je u pitanju proizvodan industrijski kapital, onda je u 1968. godini 55% aktiva multinacionalnih firmi van njihovih zemalja pripadalo američkom kapitalu, 20% britanskom, dok je ostatak bio podeljen između evropskih kapitala...",* a *„...od 50 krupnih multinacionalnih firmi, oko 40 je otpadalo na američke"*[2]. Sredinom XIX veka *„...omjer između dohodaka u društvima u procesu industrijalizacije i onim u ostalom djelu sijeta bio je možda 2 prema 1. Godine 1950. uveliko se povećao te iznosi 10 prema 1, a 1960. gotovo 15 prema 1"*[3], nastavljajući da se ubrzano povećava.

Sa centralizacijom ekonomske, ide i centralizacija društvene moći, koja, u krajnjoj liniji, vodi indentifikaciji s individualnom moći državnog poglavara, što je najsažetije izraženo u izjavi Luja XIV: *„Država, to sam ja".* Feudalna centralizacija zemljovlasništva pružala je

---

[1] Erih From, isto, str. 117/8

[2] Nikos Pulankas, *Klase u savremenom kapitalizmu,* Nolit, Beograd, 1978, str. 66

[3] Lester R. Brown, *Svijet bez granica,* Globus, Zagreb, 1979, str. 47

srednjovekovnim vladarima neograničenu društvenu moć na račun ograničene moći njihovih podanika, sve dok nije počeo masovni otkup feudalne zemlje i pretvaranje kapitala u glavno sredstvo društvene reprodukcije, kada je sa opštom privatizacijom otpočela i opšta individualizacija, koja je krajnji domet dostigla u razuzdanom buržoaskom liberalizmu suprotstavljanjem svemu što ograničava slobodu pojedinca.

Ali sad su upravo neograničene individualne slobode postale glavni faktor ograničavanja individualnih sloboda. Slobodna konkurencija je slobodne privrednike, lišavanjem raspoloživih sredstava rada, lišavala najpre mogućnosti samostalnog privređivanja, a potom i mogućnosti zapošljavanja, stvarajući rezervnu armiju nezaposlenih i zadržavajući najamnu radnu snagu na minimumu egzistencije, pa time i na minimumu društvene slobode. Fizička prinuda zamenjena je u prisvajanju tuđeg rada i tuđe slobode ekonomskom prinudom. Sama sloboda individue našla se u funkciji gušenja individualne slobode.

Slobodna konkurencija je gušila i samu slobodnu konkurenciju, izbacujući iz sopstvenog stroja sve veći broj slobodnih konkurenata i sužavajući krug monopolista, dok se u funkciji glavnog arbitra društvene reprodukcije, kao glavni monopolista, ponovo nije pojavila država. Ko je jednom bankrotirao, automatski je, po pravilu za sva vremena, ispadao iz daljeg nadmetanja, dok je onaj ko je ostajao bez posla, morao za novi posao konkurisati obezvređivanjem sopstvene „kože".

Granice slobode su, međutim, pretesne i za one koji opstaju u slobodnoj konkurenciji. Ko hoće da ostane u trci za profitom, mora se povinovati pravilima te trke koja se ne tiču individualnih mogućnosti profitera već opštih mogućnosti stvaranja profita. Zato nije samo radnik pod vlašću kapitaliste, nego je i kapitalista pod vlašću kapitala, tim pre što nema posla samo sa sopstvenim, već sa celokupnim svetskim kapitalom, prema kojem je praktično nemoćan.

Već je nacionalni kapital sve nacionalne snage stavio pod svoju komandu, preko koje su i nacionalne države sve više podvođenje pod komandu svetskog kapitala. Dok su fašizam i staljinizam predstavljali izraz uzaludnog nastojanja da se preko nacionalne države uspostavi jedinstvena komanda nad svetskim kapitalom, SAD su uspele da preko već objedinjenog svetskog kapitala brzo i relativno lako amerikanizuju ceo svet.

Moć nacionalne države jačala je u srazmeri sa jačanjem državnog kapitala i državnih funkcija u raspolaganju ukupnim sredstvima društvene reprodukcije jer i kad nije nominalni vlasnik, država faktički raspolaže vlasništvom utoliko ukoliko određuje uslove raspolaganja. Dvadeseti vek odlikovalo je galopirajuće jačanje nacionalnih država u funkciji ubrzane koncentracije i centralizacije nacionalnog kapitala, koje nisu vršene toliko po diktatu države koliko je moć države jačala po diktatu zahuktalog kapitala.

Etatizacija razvijenih industrijskih zemalja došla je kao preka potreba prevazilaženja velike ekonomske krize nastale zbog neodrživosti stihijskog reprodukovanja nagomilanog krupnog kapitala. U funkciji zaštite slabijih nacionalnih kapitala (koje krupni svetski kapital nezajažljivo guta), ona je (u još većim razmerama) zahvatila i zemlje koje su tek krenule putem industrijalizacije, gde je imala i povoljnije tle u još neporušenim feudalnim temeljima.

Tržišna stihija, koja je reprodukciju kapitala još u XIX veku sve više ugrožavala, nije se mogla prevazići na osnovama parcijalnog - individualnog, grupnog, pa ni nacionalnog vlasništva jer je kapital u svojoj suštini univerzalna i univerzumska sila koja ne podnosi zatvaranje u fabričke zidove i regionalne međe. Svi unutarnacionalni i međunacionalni lomovi XX veka proisticali su, u krajnjoj liniji, iz neophodnosti slamanja prepreka sve snažnijim tendencijama mondijalizacije kapitala, koje su već dogurale dotle da više, ni u funkcionalnom ni svojinskom smislu, gotovo i ne postoje različiti nezavisni kapitali, nego svi funkcionišu kao, manje ili više, integralni delovi svetskog kapitala, pod dominacijom jedne, ekonomski i politički najmoćnije svetske sile. Kapital je po svojoj prirodi, i u funkcionalnom i u svojinskom pogledu, integrativna društvena snaga. Umesto feudalnog kolektivizma, zasnovanog na vazalnom zemljovlasništvu, koji je razarao i razorio, on je (zbijanjem seljaka u gradove i radnika u radionice, povezivanjem proizvođača i potrošača različitih roba, te gotovo izolovanih delova naroda u čvrsto integrisane nacionalne zajednice, i konačno, uvlačenje svih nacija u jedan jedini mađunarodni kolektiv), od početka svog funkcionisanja gradio i izgradio industrijski kolektivizam.

Na osnovama koncentracije i centralizacije kapitala vršena je koncentracija i centralizacija političke moći industrijskog društva koje se, baš kao i sam kapital, postavlja iznad pojedinačnih individuuma jer ono je zapravo društvo kapitala u čijoj su službi živi individuumi. Industrijski kolektivitet je u suštini otuđeni individualitet individuuma čijim se otuđujućim radom kapital reprodukuje.

Industrijskom radniku - stvaraocu profita je oduzet i onaj individualitet koji je inače imao kao samostalni poljoprivrednik ili zanatlija. Ulaskom u fabričku radionicu, on se stavlja pod komandu fabričke uprave, prihvatajući već utvrđenu tehnologiju i organizaciju rada, na koje sam nema nikakvog uticaja. A kako mu je u radionici, tako mu je i van radionice, gde „...smo u svakom trenutku primorani da sebe potčinimo pravilima ponašanja i mišljenja koja nismo ni stvorili ni hteli i koja su čak, ponekad, suprotna našim sklonostima i našim najosnovnijim nagonima"[1].

Industrijskom kolektivizacijom je u funkciji stvaranja profita, stvarana i profitabilna individua, kao funkcionalni šrafčić samohodnog

---

[1] Emil Dirkem, isto, knj. II, str. 686

mehanizma podešenog za reprodukovanje mrtvog kapitala a ne za reprodukovanje žive individue. Lice tog mehanizma je samoživa i prividno nezavisna individua, ali je njegovo naličje kao paukova mreža u koju su nevidljivim nitima čvrsto upletene sve individue. Tu mrežu neumorno pletu i prepliću brojne institucije, koje su utoliko više angažovane na održavanju privida individualnih sloboda ukoliko je zatočeništvo individue veće.

Dok je podnošenje feudalnog zatočeništva održavano obećanjem nebeskog raja, podnošenje kapitalističkog zatočeništva održava se stalnim obećavanjem ovozemaljskog raja. Ali ako se stvaranjem iluzije o nebeskom raju, i moglo podgrejavati samoponižavajuće idolopoklonstvo pred bogom i carem, za održavanje poniznog robovanja kapitalu moraju se stalno podgrejavati iluzije da su sloboda i društveno blagostanje već ostvareni ili bar da su na dohvat ruke, čemu je posvećena ogromna propaganda, jer dok su jednom zavedenom i samoposlušnom božijem stadu za klanjanje pred bogom i carem bile dovoljne uvek iste molitve pred crkvenim oltarom, za održavanje poslušnosti ropskog stada kapitala neophodna su stalna zavođenja i neponovljiva obmanjivanja.

Internacionalizacijom kapitala je okrnjen i nacionalni suverenitet i individualitet za račun otuđenog kolektiviteta svetske zajednice i na njemu zasnovanog individualiteta najmoćnije svetske sile, pod čijom se dominacijom na odnosima subordinacije konstituiše međunarodni poredak. Iza prividne suverenosti i ravnopravnosti proklamovanih međunarodnim pravom, stoje stvarni odnosi zavisnosti i neravnopravnosti, zasnovani na ekonomskim nejednakostima ujedinjenih nacija. Stepen samostalnosti svake nacije gotovo je srazmeran njenom sudelovanju u raspolaganju svetskim kapitalom, kojim je u osnovi i određen.

Odnosi hijerarhijske subordinacije koji vladaju unutar nacionalnih zajednica, zavladali su u svetskoj zajednici i među ujedinjenim nacijama. I kao što se državni organi svake nacionalne zajednice pod komandom državnog suverena postavljaju iznad cele nacije, tako se organi Ujedinjenih nacija pod komandom najmoćnije države i njenog suverena postavljaju iznad cele svetske zajednice.

U svetskoj zajednici se odnosi subordinacije održavaju istim materijalnim i duhovnim sredstvima kojima se održavaju unutar nacionalnih zajednica, i bez čvrstog oslonca na fizičku i duhovnu silu oni se nigde i nikada nisu mogli ni uspostaviti ni održavati jer svaka ljudska zajednica, kao i svaka ljudska individua, ima u sebi i fizičku i duhovnu silu, koje se moraju savladati da bi se potčinila. Da bi se otuđeni kolektivitet međunarodne zajednice nametnuo i održao, njegova fizička i duhovna sila su se i u toj funkciji morale internacionalizavati i postaviti iznad nacionalnih sila sputavajući njihovo samostalno delovanje, baš kao što internacionalizovani kapital sputava samostalno funkcionisanje nacionalnih kapitala.

Sad je piramida privatizacije i na njoj zasnovane kolektivizacije izvedena do kraja jer dalja centralizacija kapitala nije moguća. Ona se može dograđivati i održavati samo dok je u funkciji razvojne koncentracije proizvodnih snaga, a ukoliko tu funkciju gubi, neminovno je njeno rušenje. Razvojne perspektive nisu, međutim, u dekoncentraciji već koncentrisanog kapitala jer društveni smisao njegove koncentracije zapravo i jeste u razvoju proizvodnih snaga. Reprivatizacija na bazi dekoncentracije državnog kapitala povukla je istočnoevropske i južnoslovenske zemlje unazad i u još dublju ekonomsku i političku krizu.

Kriza nije nastupila zbog koncentracije, već zbog etatizacije kapitala, kojom je političkim i formalno-pravnim ukidanjem individualnog svojinskog subjektiviteta u njegovom raspolaganju, faktički ukinut njegov svojinski karakter, a time i ekonomska motivacija za povećavanje produktivnosti, unapređivanje poslovanja i oplođavanje samog kapitala. Gde je etatizacija delimična, delimična je i kriza, u koju je zapao pre svega sam državni kapital, dok je pri totalnoj etatizaciji nastupila i totalna kriza društva.

Kao politički oblik koncentracije, nacionalizacija privatnog kapitala je vršena radi prekog prevladavanja tržišne stihije, koja je, što se proizvodnja više razvijala, takođe izazivala sve češće i sve dublje krize. U nerazvijenim zemljama nacionalizacijom je domaći kapital štićen od konkurencije moćnijeg kapitala razvijenih zemalja, koji je na isti način štićen od međusobne konkurencije. Državni kapital je, međutim, i sam poklekao u konkurenciji sa vitalnijim privatnim kapitalom koncentrisanim po ekonomskim principima.

U obračunu sa tržišnom stihijom, brza koncentracija privatnog kapitala, kojim se u nacionalnim razmerama moglo planski upravljati, predstavljala je glavni učinak ali i krajnji domet nacionalizacije. U razvijenim industrijskim zemljama „...*monopolska struktura i državna intervencija omogućile su da se stopa akumulacije u posleratnom periodu poveća dva do dva i po puta u poređenju sa stopom između dva rata*"[1], a nacionalizacijom je ubrzavan industrijski razvoj i nerazvijenih zemalja, pa je „...*SSSR postao industrijska velesila u periodu od samo deset godina*"[2]. Pogubne ekonomske implikacije državnog monopola su se, međutim, otpočetka ispoljavale, pa su neiskorišćeni kapaciteti u američkoj industriji od 1954-1961. godine povećani sa 10% na 23%[3], u Japanu se državne željeznice „...*navode kao primjer neupjeha državnog upravljanja privredom...*"[4], a zemlje „državnog socijalizma" su prinuđene da pristupe reprivatizaciji.

Motivacionu snagu svojina ima upravo zato i samo zato što kao društveni odnos predstavlja neraskidivo jedinstvo privatnosti i kolektivnosti, i ako se isključi bilo koji pol suprotnosti, gubi se i motivacija

---

[1] Vladislav Milenković, *Rad i kapital na zapadu*, Sedma sila, Beograd, 1965, str. 25

[2] *Savremeni svet*, Narodna knjiga - Vuk Karadžić - Rad, Beograd, 1983, str. 274

[3] Vidi: Vladislav Milenković, cit. rad, str. 20

[4] Drago Buvač, *Anatomija japanskog uspjeha*, Globus, Zagreb, 1982, str. 89

i svojina. Oduzimanjem individualnog svojinskog subjektiviteta, državnom kapitalu je oduzimana i motivaciona snaga, koja nije mogla biti nadomeštena političkim stimulacijama.

Razvoj svojinskih odnosa oduvek je bio u funkciji jačanja proizvodne i poslovne motivacije kao glavnog činioca društvene produktivnosti, a ona je mogla jačati samo sa jačanjem individualnog svojinskog subjektiviteta proizvođača i vlasnika proizvodnih sredstava jer se samo ljudska individua može motivisati. Osnovni smisao svih vlasničkih transformacija proteklih društvenih formacija bio je da se unapređivanjem vlasničkog statusa poveća interes roba, kmeta i najamnog radnika za veću proizvodnju, a robovlasnika, feudalca i kapaliste za uvećanje vlastitog bogatstva.

Kao što se razvoj proizvodnih tehnologija zasniva na pronalaženju sve snažnijih izvora pogonske energije, tako se razvoj svojinskih odnosa zasniva na iznalaženju sve snažnijih izvora proizvodne motivacije, koji su pre svega u svojinskom statusu proizvođača. Industrijalizacija je i u jednoj i u drugoj sferi snažno podstakla traganje za tim izvorima, jer je sa kolektivizacijom industrijske proizvodnje odmah iskrsao i problem kolektivne motivacije.

Osnovni problem je proisticao iz kolizije u kojoj se kolektivna proizvodnja našla sa privatnosopstveničkim monopolom nad kapitalom kao osnovnim sredstvom industrijske proizvodnje. Dok je individualni proizvođač koji radi sapstvenim sredstvima, zainteresovan da što više proizvede jer proizvodi za sebe, kod najamnog radnika takav interes ne postoji jer radi za drugoga. Jedino rešenje je da kolektivni industrijski radnik postane istovremeno i kolektivni vlasnik proizvodnih sredstava, koji kao slobodni proizvođač, umesto za drugoga, takođe, proizvodi za sebe.

Pravi putokaz za to je slobodno udruživanje na zadružnim principima, kojim se radi zajedničkog privređivanja, sopstveni rad i sredstva udružuju bez otuđivanja. Zadrugarstvo je zapravo autentični oblik razrešavanja protivrečnosti između privatizacije i kolektivizacije, kojim se privatnost i kolektivnost spajaju u jedno tako da privatno postaje kolektivno, a kolektivno privatno, u čemu je i suština svojine i svojinskih odnosa.

Zadružna svojina je, naime, i privatna i kolektivna, i individualna i zajednička svojina zadrugara, u kojoj oni participiraju i u čijem raspolaganju sudeluju prema sudelovanju u njenom stvaranju. Iz toga proističe najveći mogući interes za unapređivanje kolektivnog rada i poslovanja, kojim se s uvećavanjem zadružne dobiti istovremeno uvećava i lična dobit zadrugara.

Razrešavanjem protivrečnosti između privatizacije i kolektivizacije razrešava se na zadružnim principima i protivrečnost između individualizacije i socijalizacije. Umesto stapanja i utapanja ličnog individualiteta u otuđeni socijalitet, zadružno zajedništvo se zasniva na samom ličnom individualitetu, u kojem je sadržano i sa čijim jačanjem jedino i samo može jačati. Zadrugari su samostalne individue koje se slobodno udružuju i o zajedničkim interesima i potrebama ravnopravno odlučuju.

Zahvaljujući tome, zadrugarstvo je slobodnim udruživanjem samostalnih privrednika (proizvođača i potrošača), već sredinom XIX veka nastalo kao istorijska alternativa otuđenoj kapitalističkoj socijalizaciji, razvijajući se i razvivši se u najmasovniji i najkompaktniji svetski pokret. Do 1995. god. broj zadrugara u svetu porastao je na oko 800 miliona, a povećanje na oko sto miliona i broj zaposlenih u zadrugama, čije usluge koristi oko 3 milijarde, ili ½ svetskog stanovništva. U nerazvijenim zemljama zadrugari čine oko 20% stanovništva između 15 i 60 godina, u zemljama sa razvijenom tržišnom privredom oko 33%, a u zemljama na prelazu sa državne na tržišnu ekonomiju oko 39%[1].

---

[1] XXXI JCA Congress, Manshester, 1995, Agenda & Reports, Manchester, 20-23. September 1995, str. 22

Na zadružnim principima morala se, u borbi sa tržišnom stihijom, vršiti i koncentracija kapitala. Da bi izdržali surovu tržišnu konkurenciju, vlasnici kapitala bili su prinuđeni da se, umesto međusobnog uništavanja, udružuju u akcionarska i deoničarska društva, sjedinjujući mnoštvo sitnih kapitala u moćniji i konkurentniji krupni kapital. Neizostavni uslov pod kojim su mogli ravnopravno ulaziti u zajednički posao, bio je zadružni princip da u raspodeli ostvarene dobiti i raspolaganju zajedničkim kapitalom sudeluju srazmerno svojim ulaganjima.

Samo pod tim uslovom i akcionarstvo se moglo širiti tako brzo da je već „...*krajem XIX i početkom XX veka akcionarski oblik svojine postao preovlađujući u većini grana krupne industrije. Već 1929. godine u SAD 48,3% svih preduzeća imao je akcionarski oblik i ona su zapošljavala 89,9% celokupne radne snage, i davala 92,1% celokupne proizvodnje prerađivačke industrije*"[1]. Ukoliko su se održala, mala inokosna preduzeća su kroz saradnju na zajedničkim programima vezana uglavnom za velike akcionarske korporacije.

Nasuprot autokratskoj koncentraciji i centralizaciji, gde se broj vlasnika putem konkurencije ili nacionalizacije smanjuje, akcionarstvo je oblik demokratske koncentracije kapitala čiji se broj vlasnika uvećava, sa tendencijom da se celo društvo uvuče u neposredno raspolaganje sredstvima društvene reprodukcije. „*Od 144 kompanije, za koje je bilo moguće dobiti informacije od ukupno dve stotine velikih kompanija (1930. godine), samo dvadeset je imalo ispod 5.000 akcionara, dok je 71 imala između 20.000 i 500.000 akcionara...*"[2], a danas pojedina akcionarska društva broje i na milione sitnih akcionara, i koncentrišu ogromnu masu kapitala.

Ekspanzija akcionarstva je neposredni izraz razvojne protivrečnosti industrijskog društva da sve veća tehnološka koncentracija zahteva

---

[1] Dr Stojan Jankov, *Savremeni privredni sistemi*, Savremena administracija - IEI, Beograd, 1972, str. 21

[2] Erih From, *Zdravo društvo*, isto, str. 118

sve veću vlasničku dekocentraciju kapitala, kako je još Čarls Furie genijalno nazreo da „...*nema potpunog jemstva za krupno vlasništvo sve dotle dok narod ne postane sitan vlasnik s kuponima radničkih deonica*"[1]. Što je teže individualno, to je neophodnije kolektivno raspolaganje tehnološki sve više integrisanim industrijskim kapitalom.

U akcionarstvu, kao i u zadrugarstvu, do kraja izbija na videlo društvena suština vlasništva kao neraskidivog jedinstva privatnosti i kolektivnosti. Akcionar je neprikosnoveni individualni vlasnik svoje deonice (akcije) i istovremeno punomoćni sudionik u raspolaganju celokupnim udruženim kapitalom, čime se njegova vlasnička moć ne smanjuje nego uvećava, inače se ne bi ni udruživao. „*Siromah u Harmoniji, ako posjeduje samo djelić dionice, jednu dvadesetinu, vlasnik je, kao sudionik, čitavog kantona*"[2].

Sa povećavanjem vrednosti akcija povećava se individualitet, ali i socijalitet akcionara, srazmerno obostranom povećavanju njegove vlasničke moći. A ukoliko se povećava broj akcionara, sa tendencijom da se celo društvo pretvori u akcionarsku korporaciju, utoliko se prevazilaženjem svojinskog monopola prevazilazi i društvena polarizacija na bogate i siromašne, moćne i nemoćne, slobodne i porobljene, slušane i poslušne, uvažene i nevažne induvidue višeg i nižeg reda.

Ali vlasnička i klasna depolarizacija ima mnogo šire i dublje dimenzije od institucionalnih oblika depolarizacije. Gotovo istovremeno sa nastankom zadrugarstva i akcionarstva nastala je, radi postizanja proizvodne motivacije, i naučna organizacija rada, sa kojom je počelo vezivanje zarade za radni učinak, kao polazne osnove raspodele prema radu, čime je u suštini započeto i prevazilaženje najamnog položaja industrijskog radnika, a time i podele na potreban rad i višak rada kao

---

[1] *Civilizacija i novi socijetarni svijet*, Školska knjiga, Zagreb, 1980, str. 166
[2] Isto, str. 168

ekonomske osnove klasne polarizacije. Da bi se podstakao na veću produktivnost, radniku se umesto ugovorene najamnine kao tržišne cene radne snage, morala pružiti mogućnost da više i zaradi ako više radi, čime mu je u principu pružena mogućnost za učešće u raspodeli i prisvajanju ostvarenog profita.

Vezivanje zarade za individualni učinak, a zatim i za ukupne rezultate rada i poslovanja preduzeća bilo je ključni činilac ubrzanog rasta produktivnosti, koji je omogućio i ubrzanu akumulaciju kapitala i relativno visoke zarade u razvijenim industrijskim sredinama. A i rast zarada je u funkciji akumulacije kapitala jer ne samo što se podizanjem životnog standarda podiže i produktivnost, nego se praktično briše klasna granica između poslodavca i najamnog radnika koji faktički i sam postaje poslodavcem.

Rast životnog standarda zaposlenih je u funkciji reprodukcije kapitala ne samo zbog uticaja na rast produktivnosti, već i zbog povećanja lične potrošnje, bez kojeg ne može biti ni povećanja proizvodnje. Pored rasta individualne potrošnje, kolektivna industrijska proizvodnja zahtevala je i sve razvijeniju kolektivnu potrošnju razvijanjem nauke, kulture i obrazovanja, informisanja, zdravstvene i socijalne zaštite, komunalno-stambene infrastrukture, javnog saobraćaja i masovnih komunikacija, društvene ishrane i drugih oblika društvenog standarda. Od Bizmarkovih socijalnih reformi, preko politike New Deel-a do „države blagostanja", sve veći deo društvenog dohotka industrijskih zemalja usmeravan je u javnu potrošnju, ne iz milosti prema potrošačima već pre svega radi proširene reprodukcije kapitala.

Sa socijalizacijom lične potrošnje vrši se i socijalizacija potrošača, koji ulaženjem u sferu javne potrošnje sve više izlazi iz svoje privatne „špilje". I posredovanje države sve više se u organizovanju javne potrošnje zamenjuje samoorganizovanjem potrošača, koji kroz zadružne organizacije i demokratske institucije lokalne samouprave sami brinu o zadovoljavanju zajedničkih potreba, čime se sa socijalizacijom vrši istovremeno i sve veća individualizacija potrošača.

Najdublja demonopolizacija svojinskog monopola nad kapitalom vrši se, međutim, kroz demonopolizaciju upravljanja, koje čini suštinu raspolaganja svakom svojinom kao društvenim odnosom. Kolektivnom načinu industrijske proizvodnje imanentan je i kolektivni način upravljanja proizvodnim sredstvima i proizvodnim procesima jer čim se u proizvodnom lancu nađu makar i dva učesnika, među njima se deli odgovornost za ishod celog proivodnog procesa, zbog čega svako mora imati makar minimalnu samostalnost u izvođenju svojih radnih operacija, i što su operacije složenije, i samostalnost mora biti veća.

Već i kod tipično autokratskog linijskog rukovođenja uspostavlja se kolektivnost upravljanja proizvodnim procesima po vertikali, jer iako ovde postoji odgovornost samo prema protpostaljenom, svako je samostalan u izvršavanju svog zadatka, bez čega ni (makakve) odgovornosti ne bi bilo. Kod funkcionalnog rukovođenja, koje već znači prelaz na demokratsko upravljanje, pored vertikalne, uspostavlja se i horizontalna kolektivnost, gde su i ravnopravni saradnici u vođenju proizvodnog procesa, pored odgovornosti prema svojim pretpostavljenim, odgovorni i jedni drugima.

Kroz kolektivno upravljanje industrijskom proizvodnjom se od samog početka uspostavlja kolektivno raspolaganje industrijskim kapitalom (i kapitalom uopšte) jer je industrijska proizvodnja upravo funkcionišući kapital, kojim faktički raspolaže onaj ko ga upotrebljava. Stoga je sa razvojem industrijske proizvodnje nužno vršena (i po širini i po dubini) sve veća kolektivizacija kapitalističkog vlasništva. Iz inokosne funkcije individualnog vlasnika, upravljanje kapitalističkim preduzećem je sa razvojem industrijske proizvodnje sve više prerastalo u kolektivnu funkciju sve većeg broja profesionalnih upravljača, sa tendencijom da se proširi na sve zaposlene. „Stvorena je situacija u kojoj *poduzetnik više ne postoji kao individualna osoba ni u jednom zrelom industrijskom poduzeću. Uprava firme preuzela je od poduzetnika moć upravljanja poduzećem*[1].

Iz toga se izvlače površni zaključci o „...*sve većem odvajanju upravljanja od vlasništva*...*"*[2] i slabljenju uticaja vlasnika na odlučivanje[3], čime se vlasništvo svodi na golu pravnu apstrakciju, gotovo beznačajnu za savremenu proizvodnju. Previđa se da je stvarni vlasnik upravo onaj ko odlučije o vlasništvu pa makar i ne bio nominalni nosilac svojinskog subjektiviteta, ali i kao „...*pasivni posednik*...*"*[4] nominalni vlasnik može svoj kapital povući iz prometa i staviti van funkcije, što ne čini samo zato jer mu to nije u interesu i što kapital više vlada svojim vlasnikom nego vlasnik kapitalom.

Širenje svojinskog subjektiviteta nad kapitalom na zaposlene, uslovljeno je reprodukcijom samog kapitala, u kojoj sa razvojem tehnologije sve značajniju ulogu dobija živi rad, koji stoga postaje i sve značajniji osnov raspodele i prisvajanja novostvorene vrednosti, pa i ostvarene dobiti, zbog čega je „...*danas zanimanje, prije nego vlasništvo, izvor dohotka onih koji imaju neki direktan prihod*"[5], što je dovoljan uslov da oni kupovinom akcija postaju i nominalni vlasnici kapitala, te svoje prihode ostvaruju po oba osnova.

Svojina ne odumire odvajanjem od upravljanja već širenjem svojinskog subjektiviteta, a time i upravljanja na sve učesnike društvene reprodukcije jer nema se čime upravljati ako se ničim ne raspolaže, niti se nečim može raspolagati bez mogućnosti upravljanja i odlučivanja

---

[1] John Kenneth Galbraith, *Nova industrijska država*, Stvarnost, Zagreb, 1970, str. 80

[2] Erih From, *Zdravo društvo*, isto, str. 118

[3] Vidi: John Kenneth Galbraith, isto, str. 92

[4] Erih From, isto, str. 173

[5] C. Wright Mills, *Bijeli ovratnik*, Naprijed, Zagreb, 1979, str. 79

o raspolaganju. Nacionalizacijom privatnih preduzeća zaposleni su još više lišavani mogućnosti upravljanja, čijim je poveravanjem državnoj i privrednoj birokratiji faktički poveravano i raspolaganje državnim kapitalom, sa čijim je jačanjem jačala i njena moć, a što je reprodukcija državnog kapitala zapadala u dublju krizu, zapadalo je u sve veću krizu i birokratsko upravljanje. Poveravanje određenih funkcija upravljanja zaposlenim vršeno je više zbog neefikasnosti birokratskog upravljanja nego radi nekog dobročinstva ili zbog naročito organizovanog pritiska, pa je više koristilo upravi preduzeća nego zaposlenima.

Glavni uzrok neefikasnosti radničkog samoupravljanja nije bio u nesposobnosti radnika, već u formalnom odvajanju upravljanja od vlasništva, da bi se i vlasništvo i upravljanje faktički zadržali u rukama birokratije. Stvarnog radničkog i društvenog samoupravljanja ne može biti bez društvene svojine[1], kao neposrednog raspolaganja samih samoupravljača sredstvima društvene reprodukcije i prisvajanja rezultata zajedničkog rada prema doprinosu njihovom ostvarivanju. Najizvorniji oblik samoupravljanja i društvene svojine su zadrugarstvo i zadružna svojina, a ni integralni sistem društvenog samoupravljanja i društvenog vlasništva ne može se razvijati drugačije nego na izvornim zadružnim principima.

Integralno društveno vlasništvo nije nikakav posebni, alternativni ni paralelni oblik vlasništva, već opšte, do kraja individualizirano i do kraja socijalizirano privatno vlasništvo, koje ne pripada nikome posebno nego svima srazmerno doprinosu njegovom stvaranju, a kad, na nivou opšteg životnog izobilja, bude pripadalo svima podjednako, više neće biti nikakvog vlasništva kao što ga nema nad sunčevom energijom, vazduhom i svemu drugom čega za sve ima u izobilju. Razvijanjem raspodele i prisvajanja novostvorene vrednosti prema radnom doprinosu

---

[1] Vidi: Edmon Mer, *Samoupravljanje - sutrašnjica*, Radnička štampa, Beograd, 1977, str. 59

širi se prisvajanje sopstvenog, a sužava prisvajanje tuđeg rada, što vodi konačnom ukidanju svakog prisvajanja i svakog otuđivanja kao društvenog odnosa.

Ni integralno društveno samoupravljanje, zasnovano na integralnom društvenom vlasništvu, nije nikakav posebni, alternativni ni paralelni oblik upravljanja, već opšte, do kraja individualizirano i do kraja socijalizirano upravljanje, u kojem svako učestvuje prema svojim interesima, potrebama i mogućnostima, a kad nestanu sva društvena ograničenja u zadovoljavanju životnih potreba, nestaće i potreba za svakim upravljanjem kao društvenim odnosom. Zato samoupravljanje nije nikakva dopuna ili zamena otuđene države, već sama razotuđujuća država, koja se iz svog otuđenja od naroda vraća samom narodu kao svom jedinom ishodištu, jer se sa podruštvljavanjem otuđenog vlasništva mora podruštvljavati i otuđeno upravljanje kao osnovna funkcija vlasništva.

Podruštvljavanje države nije stvar dobre volje i daleke budućnosti, već imperativ industrijskog načina proizvodlje, koji uz demokratizaciju preduzetničkog, zahteva i demokratizaciju državnog upravljanja jer je „...*industrijski sistem nerazmrsivo povezan s državom...*", i to toliko da je „...*zrela korporacija u znatnoj mjeri samo ispružena ruka države, a država u mnogome instrument industrijskog sistema*"[1]. Pošto „...*moderna tehnologija povlači za sobom sve veće jačanje i proširenje funkcija moderne države*"[2], neophodno je i sve veće širenje njihovih nosilaca, sve do podržavljenja celog društva, jer je „...*država prisiljena da brojna i značajna svoja ovlašćenja i znakove svoje „državnosti" (ili državne moći, sile) prenese i prepusti određenim institucijama, telima, koje u izvesnim domenima uživaju značajan stepen samostalnosti*"[3].

---

[1] John Kenneth Galbraith, isto, str. 283

[2] Rudolf Hilferding, *Finansijski kapital*, Kultura, 1958, str. 18

[3] Dr Karlo Kovač, *Progres i pravo*, Savremena administracija, Beograd, 1978, str. 101

Time se vrši sve veća privatizacija javnog, i sve veća socijalizacija privatnog života; javno postaje privatno, a privatno javno, zbog čega je „...*crta između javne i privatne vlasti u industrijskom sistemu neodređena, a u visokoj mjeri i prividna, dok je užasavajuća sprega javnih i privatnih organizacija i potpuno uobičajena*"[1]. Privatno i javno u stvari nestaju kao posebne sfere i stapaju se u jedinstvenu samoupravno-demokratsku zajednicu, gde svaka individua u saradnji sa drugim individuama deluje samostalno.

Industrijalizacija je od samog početka nametnula korenitu transformaciju autokratske države sa vrhovnom vlašću inokosnog suverena, u demokratsku državu sa vrhovnom vlašću kolektivnog parlamenta kao legitimnog nosioca narodnog suvereniteta. Sa širenjem upravljanja industrijskim preduzećem na sve zaposlene, i upravljanje industrijskom državom širi se na sve građane. Narodna inicijativa, referendum i lokalna samouprava postali su nezamenljivi oblici neposrednog odlučivanja građana o zajedničkim potrebama i opštedruštvenim interesima. Dalji razvoj može ići samo u pravcu potpune transformacije parlamentarne u neposrednu demokratiju i klasične države u integralno samoupravljanje, koje ne može funkcionisati uporedo sa nacionalnom državom, već samo kao univerzalna opštenarodna zajednica.

Suverenitet nacionalne države sve više se utapa u suverenitet međunarodne zajednice, koja već odavno ima i svoje legitimne organe, a zapadnoevropske države su znatan, i to veoma značajan deo svog suvereniteta prenele na zajedničku uniju, koja je uveliko takođe pod suverenitetom međunarodne zajednice. Svetska zajednica i ne može funkcionisati kao klasična državna organizacija pošto to više ne može ni nacionalna država, ispod čije kontrole sve više izmiču tokovi savremene reprodukcije.

---

[1] Galbraith, isto, str. 284

Organizacija Ujedinjenih Nacija je i konstituisana kao demokratska asocijacija ravnopravnih naroda sa polaznom intencijom da tako i funkcioniše. Osnovna pretpostavka za to je demokratizacija međunarodnih ekonomskih odnosa, na principima suverenosti, jednakosti, ravnopravnosti, pravednosti, nediskriminacije i uzajamne zavisnosti, utvrđenim 1974. god. Rezolucijom šestog specijalnog zasedanja OUN[1].

To podrazumeva prerastanje stihijne i neekvivalentne tržišne razmene u organizovanu i ekvivalentnu razmenu rada, raspodelu i prisvajanje novostvorene vrednosti prema doprinosu njenom stvaranju. Demokratizacije međunarodnih odnosa ne može biti bez demokratizacije svojinskih odnosa, koja je, opet, bez internacionalizacije i u nacionalnim okvirima neostvariva.

Tendencije međunarodne demoktarizacije su u stalnoj konfrotaciji sa tendencijama imperijalističke centralizacije. Otvaranjem razvojnih perspektiva čovečanstva, one sve snažniji oslonac nalaze u snazi opštenarodnih interesa, nasuprot tendencijama imperijalističke centralizacije, koje se zbog svoje besperspektivnosti, moraju sve više oslanjati na silu i nasilje. Konstruktivno razrešenje sukoba je u demokratskoj centralizaciji kao osnovi unutrašnjeg, demokratskog jedinstva svetske zajednice.

Demokratizacijom svetske zajednice dostiže se najšira moguća socijalizacija ljudske individue, koja iz porodične i nacionalne začaurenosti izrasta u svetsku individuu, posredno i neposredno povezanu sa svim drugim individuama. Potpuna socijalizacija moguća je, međutim, tek sa potpunom demokratizacijom svojinskih i političkih odnosa, kojom se praktično ukidaju i svojina i politika, što pretpostavlja izobilje životnih sredstava i prestanak svakog prisvajanja i svakog društvenog otuđivanja. S oslobađanjem od neposredne proizvodnje i prestankom

---

[1] Vidi: Dr Janez Stanovnik, *Kriza kapitalizma i novi međunarodni ekonomski poredak*, Centar za marksističko obrazovanje, Beograd, str. 21

otuđivanja ljudskog rada, prestaje i otuđivanje individualnosti i društvenosti, koje će se u stvaralačkom društvu sticati neotuđivim stvaralaštvom svake individue.

OSNOVNI ČINIOCI INDIVIDUALIZACIJE I SOCIJALIZACIJE

Društvena podela i društveno povezivanje rada

*A*ko se individualnost ljudske jedinke zasniva na njenom radu, onda se podelom rada deli i individualnost, pa "*...individua, podređena podeli rada, ostaje siromašna (u širem smislu reči siromaštvo)*"[1]. Apstraktno gledano, to je tačno, ali u stvarnosti istorijski proces nije tekao putem razgrađivanja, već putem izgrađivanja ljudskog individualiteta jer se nije ni delilo nešto što je čovek od prirode nasledio nego što je sam radio i izgradio.

Uobičajena je metafizička podela na fizički i umni rad, koja je suštinski neodrživa jer po svojoj suštini nikakav ljudski rad ne može

---

[1] Agneš Heler, *Vrednosti i potrebe*, Nolit, Beograd, bez god. izd., str. 113

biti sasvim bezuman, a ni najumniji rad nije potpuno lišen fizičke aktivnosti, pored ostalog i zbog toga što i ljudski mozak funkcioniše na fiziološkoj osnovi. Ako „*...ljudskim radom upravlja snaga pojmovnog mišljenja...*"[1], onda „*...bez mišljenja nema radne aktivnosti...*"[2], i „*...nema ljudskog rada koji bi se odvijao samo na fiziološkoj osnovi, a isto tako ne postoji ni mentalni rad koji ne bi uključivao aktivnost čitavog organizma...*", jer je „*...svaki mentalni rad najuže povezan sa mišićnim radom, i to u tolikoj meri, da prema mišljenju mnogih modernih istraživača mentalni rad uopće i nije moguć bez te motorne komponente*"[3].

Stoga je podela na fizički i umni rad uslovna i može se vršiti samo u zavisnosti od toga da li preovlađuje fizičko ili umno naprezanje, ali ona nije dovoljna za određivanje ljudske individualnosti. Umnom aktivnošću, po kojoj se čovek razlikuje od drugih živih bića, određen je samo individualitet ljudskog roda u odnosu na ostali svet, a ne i lični indiidualitet ljudske jedinke u odnosu na druge jedinke.

Ako je individualitet ljudskog roda određen umnom aktivnošću, lični individualitet ljudske jedinke određen je njenom umnom osobenošću, odnosno izvornom umnom aktivnošću po kojoj se razlikuje od drugih ljudskih jedinki. Kao što se svako živo biće po nečemu razlikuje od drugih živih bića, tako se i svaka ljudska jedinka od drugih ljudskih jedinki, sem po fizičkim, razlikuje i po nekim duhovnim svojstvima, i to što čini njenu individualnost jesu upravo ona duhovna svojstva koja drugi ne poseduju.

Sve duhovne osobenosti ljudske jedinke proističu iz njene izvorne duhovne aktivnosti i manifestuju se kroz izvorne duhovne aktivnosti, baš kao što cvet neke biljke, kao proizvod njenog sopstvenog cvetanja,

[1] Harry Braverman, *Rad i monopolistički kapital*, Globus, Zagreb, bez god. izd., str. 44
[2] K.K. Platonov, *Problemi psihologije rada*, Panorama, Zagreb, 1966, str. 97
[3] Zoran Bujas, *Psihofiziologija rada*, Zagreb, str. 9 i 33

svoje osobenosti, reflektovanjem boje i mirisa, ispoljava kroz svoje cvetanje. I kao što osobenosti nekog cveta nastaju samo slobodnim (neometanim) cvetanjem, tako i duhovne osobenosti ljudske jedinke mogu nastati jedino kroz slobodne duhovne aktivnosti, čija je sloboda neizostavni uslov njihove izvornosti.

Zato za ljudsku individuu nije sudbonosna podela na umni i fizički rad, jer je ona samim rođenjem predodređena kao umno biće, nego podela na slobodni i prinudni rad, kojom se predodređuju društvene mogućnosti ispoljavanja i razvijanja njenih duhivnih predispozicija. A podela na slobodni i prinudni rad se u društvenoj reprodukciji nužno i neizbežno vrši kroz podelu na stvaralački i proizvodni rad.

Stvaralački rad je zapravo izvorna i slobodna umna delatnost kojom se stvara nešto novo i originalno, ali kao pogonska i nagonska snaga ispoljavanja i razvijanja urođenih umnih predispozicija, on nije samo svrsishodna, nego je i samosvrsishodna aktivnost, koja se odvija i nezavisno od svog proizvoda kao spoljašnje svrhe. Kao novatorska delatnost, stvaralački rad je neponovljiva aktivnost ljudskog mozga, čije ponavljanje ne bi ni imalo nikakvog smisla.

U neponovljivosti stvaralačke aktivnosti je upravo suštinsko određenje ljudske individualnosti. Da bi se razlikovala od drugih, ljudska jedinka se u svakom trenutku svog postojanja mora razlikovati od same sebe, i samo ukoliko se razlikuje od same sebe ona se razlikuje i od drugih. Identitet ljudske ličnosti je u podudarnosti njenih različitosti; ona je uvek ista zato što je uvek drugačija; postojana je zato što je promenljiva. Individualnost se ne može jednom za svagda izgraditi; ona se samosvojnim dovijanjem i snalaženjem u različitim životnim situacijama mora stalno graditi i dograđivati.

Nasuprot slobodnom stvaralačkom radu, proizvodni rad je prinudna delatnost, čiji osnovni smisao nije sam rad već proizvod rada, nije svrha nego sredstvo ljudske egzistencije; i ne obavlja se iz zadovoljstva već iz nužde i zato što se mora, a ne zato što se želi. Da bi se živelo, mora se proizvoditi, i proizvodi se da bi se živelo a ne da bi se proizvodilo; stoga je proizvodnja po svojoj prirodi prinudna delatnost.

Pošto se isti proizvod svaki put proizvodi na isti način, proizvodni rad je stereotipna, repetitivna i rutinska delatnost. Zato ona nije osnov razlikovanja proizvođača ni od samog sebe ni od drugih proizvođača, zbog čega ne može biti ni određujući činilac njegove individualnosti. Svi proizvođači istovrsnog proizvoda su isti kao što su ista sredstva kojim proizvode, jer je istovetna i fizička i mentalna aktivnost u obavljanju istovetnih proizvodnih operacija.

Podela na proizvodni i stvaralački rad nije istovetna sa podelom na fizički i umni rad jer niti se proizvodni rad svodi na fizičku aktivnost, niti je svaki umni rad stvaralački. Ne samo što se proizvodnja zasniva na organskoj sintezi fizičke i umne aktivnosti, nego i duhovna aktivnost sama za sebe predstavlja proizvodni rad ako za osnovni cilj ima neki proizvod a ne lično zadovoljstvo koje ona sama po sebi pričinjava.

Ali ni podela na slobodni i prinudni rad nije istovetna sa podelom na stvaralački i proizvodni rad jer niti je svaki slobodni rad stvaralački, niti se proizvodna delatnost bez ostatka svodi na prinudnu aktivnost. Ukoliko je prožeta stvaralačkom aktivnošću, utoliko i proizvodnja predstavlja slobodnu delatnost, a slobodni rad su i čisto zabavne aktivnosti kojima se sem rekreacije ništa neposredno ne stvara.

Ukoliko neki rad predstavlja prinudnu, bilo fizičku ili duhovnu aktivnost, čovek teži da ga se oslobodi da bi se više bavio slobodnim aktivnostima, odakle je i potekla podela na slobodni i prinudni rad. Društvena podela rada proistekla je iz generičke težnje ljudske jedinke za slobodnom aktivnošću, koja izvire iz same prirode ljudskog bića. Zato ona nije nastala ničijom krivicom i nikakvom greškom, već kao imperativ samog razvoja i samog opstanka ljudskog roda.

Pošto proizvodnja kao imperativ ljudske egzistencije, predstavlja pretežno prinudnu delatnost, kojom se generička aktivnost proizvođača svodi na neophodni minimum, čovek je otpočetka težio da je se oslobodi i da proizvodni teret prebaci na drugoga. Prebacivanje tog tereta sa jednog dela društva na drugi bilo je moguće tek kad je produktivnost rada dostigla takav nivo da su jedni mogli proizvoditi i za sebe i za druge. A da bi se taj nivo dostigao i dalje podizao, morao je se radi povećanja produktivnosti, deliti i sam proizvodni rad.

Ali ni podela prizvodnog rada nije vršena samo radi veće produktivnosti, nego pre svega radi oslobađanja od proizvodnih napora koji su specijalizacijom smanjivani. Što je proizvodni rad više oplemenjivan invencijom, on je postajao lakši, zanimljiviji i slobodniji, iz čega je rezultirala i veća produktivnost. Rast društvene produktivnosti u celini počiva na ljudskoj invenciji i ubrzava se njenim povećavanjem, kako se jedino i može ubrzavati.

Bez intelektualizacije ne bi bilo ni diferencijacije ni društvene podele rada. Na intelektibilnosti ljudskog rada zasniva se njegova složenost, a samo ono što je složeno može se deliti na različite delove. Iz prostog fizičkog rada, koji se može samo tehnički deliti, nikada se ne bi mogla izvesti neka društvena podela, i dok je u ljudskoj delatnosti dominirala fizička, više instiktivna nego svesna aktivnost, nikakve društvene podele nije ni bilo.

U embrionalnom stanju ljudske delatnosti nije bilo nikakve društvene diferencijacije upravo zato što je ona vođena više instiktom nego razumom. Svi su, po nagonu istovetnih fizioloških potreba, radili sve što su morali raditi, i niko se nije posvećivao niti se mogao posvećivati nekom posebnom poslu; „...*divljak ide od posla do posla, prema okolnostima i potrebama koje ga gone*"[1].

---

[1] Emil Dirkem, *O podeli društvenog rada*, Prosveta, Beograd, 1972, str. 250/1

Pri još neizdiferenciranoj delatnosti nije moglo biti ni diferencijacije individualnosti. Po svojim generičkim svojstvima, pripadnici prvobitne horde su morali ličiti jedni na druge kao jaje jajetu, zbog čega nisu mogle biti razvijene ni njihove generičke veze. Njihovo zajedništvo svodilo se uglavnom na krvne veze i zajedničko zadovoljavanje fizioloških potreba, iz kojih se generičke potrebe još nisu ni izdvajale.

Do ispoljavanja individualnosti moglo je doći tek sa diferencijacijom ljudskih potreba i aktivnosti na njihovom zadovoljavanju, što je podrazumevalo određeni stepen njihove intelektualizacije pošto su se samo na toj osnovi mogle izdiferencirati. Čoporativni način lova mogao je biti zamenjen individualnim lovom kao posebnom delatnošću, tek kada je izmišljeno lovačko oružje i stečeno odgovarajuće umeće njegovim rukovanjem. A čim je muškarac sam krenuo u lov, žena je morala sama preuzeti brigu o kućnim poslovima, čime je njihovo biološko zajedništvo nadograđeno i ekonomskim zajedništvom.

Svaka dalja podela rada vodila je sve većem širenju i jačanju ekonomskih i ukupnih društvenih veza jer „...*ukoliko se rad više deli, različiti delovi skupine zato što ispunjavaju različite funkcije, ne mogu se lako razdvojiti...*"[1], a „...*što je snažnija međuzavisnost komponenata, veća je i potreba za komunikacijom i saradnjom između njih*"[2]. Društvena podela i povezivanje podeljenog rada zapravo najočiglednije svedoče o organskoj međuzavisnosti individualizacije i socijalizacije, zbog koje „...*svako utoliko više zavisi od društva ukoliko je rad više podeljen...*", a „...*individualnost celine raste sa individualnošću delova*"[3].

Pošto se univerzalne ljudske potrebe moraju zadovoljavati univerzalnim ljudskim radom, sa podelom proizvodnog rada na različite

---

[1] Isto, str. 177

[2] W. Edvard Deming, *Nova ekonomska nauka*, Poslovni sistem „Grmeč", Beograd, 1996, str. 87

[3] E. Dirkem, zbornik *Teorije o društvu*, isto, sv. I, str. 204

delatnosti neizostavno je morala biti uspostavljena robna razmena između proizvođača različitih roba, posredstvom koje svako proizvodi za sve i svi za svakoga. Odnosi robne razmene razvijali su se upravo u međuzavisnosti i u saglasnosti sa proizvodnom podelom rada.

Dok je zemlja predstavljala glavno sredstvo proizvodnje, proizvodna podela rada gravitirala je zemljoradnji kao osnovnoj delatnosti, koja je činila i okosnicu ekonomskog i društvenog povezivanja, u čemu je robna razmena imala samo pomoćnu ulogu. Ukoliko je umesto zemlje, kapital postajao ne samo osnovno, već i univerzalno sredstvo proizvodnje, a industrija ne samo osnovna, veći i univerzalna delatnost, robna razmena je kao neizostavni uslov industrijske proizvodnje i reprodukcije kapitala, zajedno s univerzalizacijom društvene podele rada sve više postajala i postala univerzalni oblik ekonomskog i društvenog povezivanja.

Razvijanjem industrije tržišno povezivanje je razvijano i po širini i po intenzitetu, čime je stvarano sve šire i sve čvršće regionalno zajedništvo dok preko međunarodnog tržišta nije konačno stvorena jedinstvena svetska zajednica. Nacionalno zajedništvo je proisteklo iz unutarnacionalne, a međunarodno iz međunarodne podele rada. Industrijalizacija je sve pretvorila u individualne posednike roba i upravo zbog toga sve učinila zavisnim jedne od drugih nezavisno od boje kože i ubeđenja, a što je veća međuzavisnost, veća je i međusobna komunikacija individualizovanih posednika različitih roba.

Ali industrijalizacija nije učinila međuzavisnim samo posednike različitih, nego i proizvođače istih roba. Već se manufakturna proizvodnja zasniva na individualnoj podeli proizvodnog rada i kooperaciji proizvođača različitih delova i faza u proizvodnji jednog te istog proizvoda, bez kojih je mašinska industrija apsolutno nezamisliva. Ceo razvoj industrijske proizvodnje počivao je upravo na sve većoj podeli i istovremeno sve većoj integraciji proizvodnog rada.

Industrijalizacijom je proizvodna podela rada dovedena do krajnjih granica, gde se složeni ljudski rad, gubeći svoja generička svojstva, razlaže na proste, dalje nedeljive operacije. Specijalizacija se tu pretvara u svoju suprotnost, vraćajući se na polaznu poziciju, jer „...*ukoliko podela rada raste, utoliko se rad uprošćava*...“[1] dok se ne svede na prosto (bez upotrebe ljudskog uma) mehaničko trošenje radne energije.

S uprošćavanjem rada uprošćava se i lični individualitet industrijskog radnika, koji se od kompleksnog i kompletnog specijaliste, sposobnog da sam proizvede određeni proizvod, pretvara u sve užeg i parcijalnog specijalistu, koji samo u saradnji sa drugima može to što je ranije mogao sam, dok na kraju u poluautomatizovanoj industrijskoj proizvodnji „...*posebna umešnost radnikova ne izgubi vrednost*...“[2], pošto je „...*isključena svaka raznolikost, inicijativa, odgovornost, sjedinjavanje u jednoj celini, pa čak i smisao*“[3].

Time se, međutim, lični individualitet ne ukida u potpunosti. Iako se pojedinačni radnik srozava do ruba apsolutne deindividualizacije, padajući u potpunu zavisnost od radnog kolektiva, ni kolektiv bez njega ne može funkcionisati. „*U savršeno integrisanom ciklusu, gdje svako mjesto ima sasvim određeno značenje u odnosu na ostala, ... ako je neki radnik odsutan, ako ne obavlja tačno svoj posao, posljedice toga trpi čitava ekipa*...“, i „...*dovoljno je da nedostaje jedan operator, na bilo kojoj tački, pa da niko ne može „krenuti*“[4]. Pored toga, „...*zahtjevi radnog mjesta*...“ na montažnoj traci „...*uključuju*...“ i „...*povećanu suradnju između radnika i onih koji se nalaze do njega uzvodno i nizvodno*...“,

---

[1] K. Marks, F. Engels, Dela, isto, tom IX, str. 350

[2] Isto

[3] Georges Friedmann, *Razmrvljeni rad*, Naprijed, Zagreb, 1959, str. 14

[4] Pierre Naville, *U susret automatiziranom društvu*, Školska knjiga, Zagreb, str. 165

a „...*ista je suradnja potrebna između poslovođa susjednih odsjeka uzduž radnog toka*"[1].

Integrisanjem podeljenog ličnog rada u kombinovani kolektivni rad, i redukovani lični individualitet radnika integriše se u kompleksni individualitet radnog kolektiva. Time se svaki pojedinačni radnik neposredno ili posredno povezuje s ostalim članovima kolektiva, i sa svima sa kojim se njegov kolektiv neposredno ili posredno povezuje. A ono što „...*karakteriše sadašnju fazu imperijalizma jeste stvaranje, pod jedinstvenim ekonomskim vlasništvom, zaista složenih proizvodnih jedinica sa usko povezanim integrisanim procesima rada - integrisanom proizvodnjom čija se razna preduzeća nalaze u više zemalja*"[2].

Samo ako se stvari posmatraju parcijalno i statički, može izgledati da industrijalizacija uništava lični individualitet, a u stvarnosti se kroz društvenu podelu i povezivanje podeljenog rada odvija veoma protivrečan proces individualizacije i socijalizacije. Specijalizacijom se lični individualitet ljudske jedinke sužava ukoliko se sužava njena aktivnost, ali se istovremeno i širi ukoliko se integracijom specijalizovanog rada širi njeno povezivanje sa drugim jedinkama. Ali niti sužavanje znači obavezno slabljenje, niti širenje znači obavezno jačanje ličnog individualiteta.

Prelaz sa svaštarskog na specijalizovano zanatstvo nije značio slabljenje, nego jačanje ličnog individualiteta zanatlije, koji je kao specijalista uživao veći ugled upravo zbog toga što je znao i mogao nešto što drugi nisu znali i mogli. Sve dok je zahtevala višu stručnost specijalizacija je podrazumevala veću složenost rada i veće radne sposobnosti kao bitno određenje individualnosti, zbog čega je i sužavanje specijalnosti vodilo jačanju individualnosti sve dok se zasnivalo na povećanju stručnosti.

---

[1] Isto, str. 70
[2] Nicos Pulancas, cit. rad, str. 63

Zanatska specijalizacija je, međutim, predstavljala krajnji domet kompleksne proizvodne specijalizacije kojom se u jednom izvršiocu spajaju sve radne operacije, od zamisli do finalizacije celovitog proizvoda. Dalji napredak mogao je ići samo u pravcu njene parcijalizacije na specijalizaciju za obavljanje pojedinih faza i izradu pojedinih delova proizvoda, na čemu se zasniva industrijalizacija kao istorijski proces tehnološkog podruštvljavanja individualne proizvodnje.

Parcijalna specijalizacija vodi rasplinjavanju - širenju i slabljenju ličnog individualiteta industrijskog radnika jer se smanjuje njegova individualna, a povećava kolektivna moć firme, u kojoj i preko koje se povećava njegova komunikacija sa svetom; što se gubi na individualnoj, dobija se na kolektivnoj moći. Inokosni proizvođač ima veći individualni, ali manji društveni uticaj, zbog čega seljak i zanatlija traže zaposlenje u industriji čak i pri smanjenju zarade jer iza i ispred industrijskog radnika stoji moćna firma, preko koje lakše rešava svoje životne probleme.

Generički smisao industrijalizacije nije dezindividualizacija, već individualizacija ljudske jedinke, koja se ne vrši samo širenjem, nego i jačanjem ličnog individualiteta. Ona već u samoj proizvodnji vodi smanjivanju broja fizičkih, i povećavanju broja umnih radnika, čiji se individualitet (moć i uticaj) istovremeno i širi i jača. *„Diskvalifikacioni trend postepeno je u najprogresivnijim proizvodnjama, granama, a onda i zemljama, prekinut!"*. Već *„...u godinama 1940-1964. krivulja udela kvalifikovanih radnika i majstora u SAD okrenula se prema nagore - od 30,1% na 36% i izgleda da ova nova tendencija dobija sa počecima naučno-tehničke revolucije trajnu prevagu"*[1].

Ta tendencija sa razvojem industrijalizacije zahvata celokupnu društvenu reprodukciju, što se posebno ogleda u širenju uslužnih, i

---

[1] Radovan Rihta i saradnici, *Civilizacija na raskršću*, Komunist, Beograd, 1972, str. 123 i 124

sužavanju proizvodnih delatnosti. „*U SAD je 1900. godine 41% od 28,7 miliona radnika bilo zaposleno u bazičnoj privredi (poljoprivreda, šumarstvo, ribarstvo i rudarstvo), 28% u prerađivačkoj industriji i 31% u uslužnim delatnostima. Godine 1960. 10% od 68,7 miliona radnika bilo je zaposleno u bazičnoj privredi, 32% u prerađivačkoj industriji i 58% u uslužnim delatnostima*"[1].

Preko povećanja društvene produktivnosti proizvodna podela rada je uticala i na globalnu podelu društva na proizvođačke i vladajuće klase, kojom se prisvajanjem tuđeg rada individualna moć i sloboda jednih, ostvaruju na račun individualne moći i slobode drugih; a sa polarizacijom individualne moći i nemoći, slobode i ropstva, ide i polarizacija društvenosti i nedruštvenosti individue. Nasuprot pripadnicima vladajućih klasa koji su mogli komunicirati s kim su hteli, pripadnici proizvođačkih klasa su lišavani mogućnosti da komuniciraju i sami sa sobom.

Što je, međutim, društvena produktivnost, zahvaljujući pored ostalog i proizvodnoj podeli rada, više rasla, rastao je i opšti nivo individualnosti i društvenosti, kako pripadnika vladajućih, tako i pripadnika proizvođačkih klasa. Industrijalizacijom se iscrpljuju sve mogućnosti koje za to pruža, i koje uopšte može pružiti proizvođačko društvo, čije su generičke potencije ograničene njegovom sopstvenom prirodom.

Bez obzira kojoj klasi pripada, individua proizvođačkog društva je preokupirana svojom fiziološkom reprodukcijom, zbog čega su i proizvođačke i vladajuće klase preokupirane materijalnom proizvodnjom. Ona stoga više živi i uživa u proizvodu rada nego u samom radu, i više robuje stvorenom nego što slobodno stvara jer „...*carstvo slobode počinje u stvari tek tamo gde prestaje rad koji je određen nevoljom i spoljašnjom svrsishodnošću*...", to jest „...*s one strane oblasti same*

---

[1] D.R. Dejvis, V.Dž. Šeklton, *Psihologija rada*, Nolit, Beograd, str. 10

materijalne proizvodnje", gde „počinje razvitak ljudske snage koji je svrha samom sebi...", i koji je „...pravo carstvo slobode"[1].

Oslobađanje je praktično počelo s porobljavanjem, a svaki korak u društvenoj podeli rada predstavljao je korak bliže ka njenom ukidanju. Podela na slobodni i prinudni rad je nužan produkt i nužan uslov razvoja proizvođačkog društva. Svaka podela rada u funkciji povećanja njegove produktivnosti, bila je istovremeno i u funkciji oslobađanja od njegove prinudnosti jer ne samo što se povećavao broj onih koji se bave slobodnim stvaralaštvom i drugim slobodnim aktivnostima, nego je i sam proizvodni rad postajao sve stvaralčkiji i sve slobodniji. Oslobađanje je vršeno porobljavanjem, a prevazilaženje društvene podele rada samom podelom rada.

Što je duhovnim stvaranjem i podizanjem produktivnosti rada više uvećavano duhovno i materijalno bogatstvo društva, to su više smanjivane razlike između njegovih polarizovanih delova, čije je i povremeno povećavanje vodilo dugoročnom smanjivanju. Suprotnosti između proizvođačkih i vladajućih klasa su smanjivane, a industrijalizacija je znatno ubrzala njihovo prevazilaženje.

Razvijanjem zadrugarstva razvija se besklasno društvo, a na putu prevazilaženja postojećih klasnih razlika je i razvijanje radničkog akcionarstva, kojim se vrši organsko povezivanje rada i upravljanja. Kupovinom akcija zaposleni kupuju i pravo na upravljanje, potiskujući gotovanske vlasnike kapitala na same margine savremenog industrijskog društva dok ih konačno ne učine potpuno suvišnim. Već sada su *„...u sistemu korporacija vlasniku industrijskog bogatstva ostavljeni samo simboli vlasništva, dok se moć, odgovornost i imovina, koje su ranije bili sastavni delovi vlasništva, prenose na posebne grupe u čijim*

---

[1] K. Marks, *Kapital*, K. Marks, F. Engels, Dela, isto, tom XXIII, str. 682

se rukama nalazi kontrola". Zakoniti vlasnik *"...nema odgovornosti prema preduzeću i nikakav konkretna odnos prema njemu"*[1].

Ukidanje proizvodne podele rada vrši se ukidanjem samog proizvodnog rada. *"U savremenoj industrijskoj proizvodnji u razvijenim zemljama ljudska radna snaga predstavlja svega jedan posto celokupne radne snage, odnosno pogonske snage - sve ostalo je mehanička energija"*[2]. Dalja perspektiva je u sve većoj i potpunoj zameni pogonske snage čoveka mehaničkom energijom.

Zamena proizvodnog rada čoveka mehaničkim radom je neizostavni uslov daljeg društvenog progresa, ne samo zato što krajnje razmrvljen rad gubi svoju generičku osnovu već i što opada njegova produktivnost. *"Stanovita istraživanja u engleskim tvornicama pokazuju da krajnja repetitivnost smanjuje produktivnost individualnog radnika..."* i da *"...on proizvodi više kad u njegovu radu ima neke raznovrsnosti"*[3], radi čega se uvodi *"...rotacija posla, pri kojoj radnik povremeno prelazi na drugačiji zadatak, bilo obavezno, bilo dobrovoljno..."* ili se *"...više zasebnih poslova spajaju u jedan"*[4].

Ali to je samo palijativno rešenje, kojim se ne rešava trajno ni problem produktivnosti rada, ni problem oslobođenja radnika. Trajno rešenje je u potpunom oslobađanju radnika od proizvodnog rada, čije se neposredno obavljanje i povezivanje prenosi na mehanizaciju i veštačku inteligenciju. *"Prije ili kasnije će se rad, nakon što se rasparčao, sintetizirati..."*, a *"...tu sintezu će izvršiti strojevi..."*, jer stroj je *"...način ujedinjavanja različitih čestica rada koje je podjela razdvojila"*[5].

---

[1] Erih From, *Zdravo društvo*, isto, str. 138

[2] Janez Stanovnik, cit. rad, isto, str. 18

[3] Charles R. Walker, *Moderna tehnologija i civilizacija*, Naprijed, Zagreb, 1968, str. 108

[4] Georges Friedmann, *Razmrvljeni rad*, Naprijed, Zagreb, 1959, str. 49/50

[5] Pierre Naville, *U susret automatiziranom društvu*, Školska knjiga, Zagreb, 1979, str. 97

Od „*...trenutka kad prestane svako specijalno razvijanje počinje se osjećati potreba za svestranošću...*"[1], a samo slobodni rad može biti svestran jer je samo slobodni rad raznovrstan. Zato je univerzalnost ljudske individue moguća samo izvan materijalne proizvodnje, koja se zasniva na kombinaciji slobodnog i prinudnog rada. „*Ako je od dva sastavna dela, kroz koja se realizuje razvitak čoveka - naime specijalizacija i univerzijalizacija - u industrijalizaciji pobedio jednostavno prvi, tad sve svedoči o tome da drugi dolazi do izražaja zajedno s naučnotehničkom revolucijom, i stvara pretpostavke za višu sintezu...*", jer „*...nauka - kao društvena proizvodna snaga - zahteva sve bržu i konačnu univerzalnu integraciju privrednog, socijalnog i kulturnog života*"[2].

Sloboda ljudskog rada sastoji se, pored ostalog, i u slobodnom izboru zanimanja, koji je moguć samo kad je se oslobođeno brige za golu egzistenciju. Ona podrazumeva da pojedinac može po slobodnom izboru raditi sve što radi celo društvo i da u slobodnom stvaralačkom društvu svako može sve što u podeljenom proizvođačkom društvu mogu samo svi zajedno; umesto kroz specijalizaciju, univerzalnost ljudskog roda ostvaruje se kroz univerzalizaciju svake ljudske jedinke.

Time se praktično ostvaruje večna težnja ljudske individue da se izjednači sa ljudskim rodom, da kao deo njegove celine „*...ima iste moći i istu delotvornost*"[3]. Ako je u proizvođačkom društvu samo genijalnim pojedincima oslobođenim proizvodnog rada, polazilo za rukom da svojom univerzalnošću personifikuju celo društvo, u stvaralačkom društvu to treba da postane ostvareni san svake individue. Umesto imaginarnog oličenja u nedostižnom Stvoritelju[4], stvaralačko društvo treba svoj realni izraz da dobije u svakom živom stvaraocu.

---

[1] K. Marks, F. Engels, Dela, isto, tom VII, str. 125

[2] Radovan Rihta, cit. rad, str. 125 i 215

[3] Emil Dirkem, *Elementarni oblici religijskog života*, Prosveta, Beograd, 1982, str. 212

[4] Vidi isto, str. 209

Tek pod tim uslovom svaka ljudska individua postaje celovita ličnost, u kojoj se stiču realne potencije celog ljudskog roda i koja zato može sve što može svako drugi. Kroz njenu moć i nemoć ispoljava se moć i nemoć celog društva, u ličnoj slobodi ogledaju se sve društvene slobode. Individua postaje društvo u malom, a društvo individua u velikom; društvena jednakost nejednakih individua postaje ostvariva tek na nivou njihove društvene totalitarnosti.

Scientizacija i tehnologizacija

Scientizacija i tehnologizacija, pod kojima se podrazumeva razvoj i primena nauke, takođe neposredno i posredno utiču na individualizaciju i socijalizaciju. Neposredni uticaj vrši se putem samih saznanja i njihove primene, a posredni preko efekata primene i njihovog korišćenja.

To što ljudsku jedinku čini individuom, jeste sposobnost mišljenja i samo mišljenje jer sposobnost mišljenja ne postoji samo kao mogućnost da se misli, već kao mobilna sposobnost da se neprekidno i neodoljivo ispoljava snagom urođenog nagona, tako da „...*čovek zbog aktivnosti svojih duhovnih sposobnosti ne može da izbegne razmišljanje*"[1].

Zato individualnost nije stečeno svojstvo ove ili one, već urođeno svojstvo svake ljudske jedinke jer je, kao organ mišljenja, „...*čoveku mozak urođen, što je rezultat razvitka - beskrajno dugog niza predaka*"[2]. Stiču se samo razlike u stepenu individualnosti, koje proističu iz stepena duhovne aktivnosti pojedinih individua, mada i one delimično rezultiraju iz razlika u njihovim urođenim predispozicijama.

---

[1] Čarls Darvin, *Čovekovo poreklo i spolno odabiranje*, Matica srpska, Novi Sad, 1949, str. 175

[2] K.G. Jung, *Duh i život*, III izdanje, Novi Sad, 1984, str. 65/6

Već iz toga je jasno da individualnost nije samo individualno, već i generičko svojstvo ljudske jedinke, odnosno zajedničko svojstvo svih ljudskih jedinki, koje je proizvod i neizostavni uslov njihovog zajedništva i njihove društvenosti u prostoru i vremenu. Ni individualnost ni društvenost nisu statička, već dinamička svojstva koja se stalno razvijaju, grade i kao organska sinteza međusobno nadograđuju u građenju ličnog integriteta.

Generičku osnovu integriteta i ljudske individue i ljudske zajednice čini zapravo ljudsko mišljenje, koje je nezamenljiva integrativna snaga ljudskog bića i ljudskog roda. *„Bez razmene misli i kooperacije sa drugima individua ne bi uspela da svoje operacije grupiše u jednu povezanu celinu..."*, a *„...s druge strane, same razmene misli pokoravaju se jednom zakonu ravnoteže, koja može da bude iznova samo jedno operaciono grupisanje, pošto kooperirati još znači koordinirati operacije"*[1], pa *„...saradnja postoji samo tamo gde ima misli i obratno"*[2].

Kroz mišljenje, kao univerzalno i suštastveno generičko svojstvo, vrši se generička identifikacija, kako među samim individuama, tako i svake individue sa celinom ljudskog roda, jer za razliku od trenutačnih čulnih predstava pojedinaca, pojmovi su relativno trajne, kolektivne i univerzalne predstave celog ljudskog roda, preko kojih *„...društvo u celini sebi predočava predmete i iskustva"*[3]. Zato je pojmovno ili logičko mišljenje nezamenjivo sredstvo socijalizacije i međusobne komunikacije ljudskih individua, pa zbog toga i neizostavni uslov njihove individualizacije.

Ali mišljenje nije samo sredstvo međuindividualne, već i međugeneracijske identifikacije i komunikacije jer *„...samo misao ostaje da*

[1] Žan Pijaže, *Psihologija inteligencije*, Nolit, Beograd, 1968, str. 195
[2] Lucien Goldmann, *Dijalektika istraživanja*, Veselin Masleša, Sarajevo, 1962, str. 19
[3] Emil Dirkem, *Elementarni oblici religijskog života*, isto, str. 392-393

svedoči o prošlosti svega stvorenog..." i „*...samo u njoj i kroz nju čovek nastavlja da živi*"[1]. I dok individue nestaju, njihove misli se prenose sa generacije na generaciju, pa, zahvaljujući tome, i „*...prošle tehnologije i tehnološke ideje i dalje žive u sadašnjosti*"[2].

Međuindividualna i međugeneracijska identifikacija je osnova prostornog i vremenskog kontinuiteta, ali i diskontinuiteta individualne i društvene egzistencije i reprodukcije ljudskog bića, jer gde su identitet i kontinuitet, tu su neizostavno razlikovanja i diskontinuitet, bez čijeg jedinstva nema ni života ni razvitka. Misli i spajaju i razdvajaju, i sjedinjuju i razjedinjuju pojedince i generacije, bez čije borbe mišljenja nema ni opstanka ni napredovanja ljudskog roda. Samo iz starih misli mogu nastati nove misli, koje ne bi ni bile nove kad se od starih ne bi razlikovale, a ne bi ni nastale kad im se ne bi suprotstavljale.

Kao suština ljudskog delovanja, mišljenje čini okosnicu celokupnog bitisanja i napredovanja ljudske individue i ljudskog roda, zbog čega „*...istorijom društva dominira istorija ljudskog uma*"[3]. Razvoj ljudskog roda, kao i razvoj ljudske individue, zasniva se u suštini na razvijanju ljudskog uma, prevazilaženju i samoprevazilaženju umovanja. Sve što je stvorio i što stvara, čovek je stvorio i stvara svojim umom, ne zadovoljavajući se nikada stvorenim i ostvarenim.

Pri tom se čovek svojim umovanjem ne identifikuje samo sa drugim čovekom, već i sa celom prirodom, pronalazeći sebe u prirodi i prirodu u sebi, ali smisao te identifikacije nije u stapanju sa prirodom, nego u suprotstavljanju prirodi, jer se jedino tako može stvarati i nova priroda i novi čovek, što jedno bez drugog ne ide. Sva naučna i tehnološka delatnost čoveka sastoji se u otkrivanju i preusmeravanju univerzalnih sila prirode, kroz koje se izgrađuje i lični individualitet ljudske jedinke

---

[1] Đuro Šušnjić, *Cvetovi i tla*, NIRO Mladost, Beograd, 1982, str. 32

[2] Charles R. Walker, *Moderna tehnologija i civilizacija*, isto, str. 22

[3] Kont, zbornik *Teorije o društvu*, isto, str. 617

i kolektivni individualitet ljudskog roda, čija celokupna moć izvire iz znanja vladanja i ovladavanja tim silama.

Prvobitno je svesno identifikovanje čoveka sa čovekom bilo i neodvojivo od identifikovanja čoveka sa prirodom izraženog u totemizmu. *„Za Australijanca i same stvari, sve one koji naseljavaju univerzum, čine deo plemena; njegovi su konstitutivni elementi i ...punopravni članovi"*. Kao simbol opšteg identiteta, totem je *„...samo materijalni oblik u kojem je mašti ljudi predočena ona materijalna supstancija, ona energija razasuta u svakodnevnim raznorodnim bićima, supstancija koja je jedini pravi predmet kulta"*[1].

Totemizam je prvo misaono naziranje tajanstvenih sila koje čoveka povezuju sa prirodom, pa i sa drugim ljudima kao prirodnim bićima. On je prvo dolaženje svesti o sudbonosnoj vezanosti ljudske individue za celinu postojećeg sveta, izvan kojeg se na nivou primitivne empirijske svesti nije moglo ni zamisliti njeno postojanje. Biljka ili životinja od koje je sudbonosno zavisila egzistencija plemena, simbolizovala je u primitivnoj svesti jedinstvo celog sveta, pa u njegovom sastavu i celog plemena.

Ako se nauka sastoji u otkrivanju tajanstvenih sila i veza među stvarima i ljudima, a tehnologija u korišćenju naučnih saznanja za preuređivanje postojećeg sveta po ljudskim ćudima i potrebama, onda su one prve, najstarije i večite delatnosti ljudskih bića, na kojima se zasniva nastanak, razvoj i opstanak celog čovečanstva. Stoga su one i glavni, nepresušni izvor ljudske moći i slobode, a scijentizacija i tehnologizacija ključni činilac individualizacije i socijalizacije ljudskog bića. Čovek je toliko slobodna i samostalna društvena individua koliko je moćan, a moćan je koliko zna da vlada prirodom i društvenim silama. To je danas do te mere izbilo na videlo da se *„...znanje više ne smatra*

---

[1] E. Dirkem, *Elementarni oblici religijskog života*, isto, str. 131 i 176

idealom već oruđem, a u društvu moćnih i bogatih, znanje se ceni kao oruđe moći i bogatstva"[1].

Kult lobanje svedoči da je čovek veoma rano došao do saznanja odakle potiče njegova moć i gde je središte njegovih prirodnih i društvenih veza. Zbog neposrednog međugeneracijskog transfera znanja, *"...izraziti kult lubanje ponajviše je vezan sa štovanjem predaka, a pri tom je važna crta bilo vjerovanje o povezanost mrtvih s plodnošću zemlje*"[1]. Čulno nedokučive veze između čoveka i prirode, te individue i društva, samo su se logičkim razmišljanjem mogle dokučiti i tako steći neophodna svest o sopstvenoj individualnosti i društvenosti.

Što je više razvijano apstraktno mišljenje i logičko zaključivanje, sve je dublje ponirano u suštinu postojećeg sveta, čime su povećavane sposobnosti i za njegovo menjanje prema ljudskim potrebama, pa i za samostalno delovanje i egzistiranje ljudske individue, što je zapravo osnovni smisao ljudskog mišljenja, koje je u početku bilo i neodvojivo od praktičnog delanja. Individualnost i društvenost ljudskog bića razvijaju se na globalnom planu u meri u kojoj se razvijaju nauka i tehnologija, od čega zavise i svi ostali činioci neravnomerno raspodeljene društvene moći.

Razvijanje nauke i tehnologije je kao rešavanje rebusa, gde se na osnovu već popunjenih polja traga za značenjima preostalih, pri čemu se logičko zaključivanje oslanja i na imaginaciju sve dok se ne pronađu prava rešenja. Oslanjajući se na delimična saznanja, sve „naučne" i „nenaučne" teorije pokušavaju da daju celovita i konačna, manje ili više ubedljiva rešenja iako konačnih rešenja nema pošto nema ni konačnih istina. Suštinu ljudskog individualiteta čini upravo beskrajno, nikad nezavršeno traganje za (bes)konačnom istinom, zbog čega čovek

---

[1] Rajt Mils, *Znanje i moć*, bez izdavača i godine izdanja, str. 26
[2] *Povijest svijeta*, Naprijed, Zagreb, 1977, str. 88

nikada ne može postati neko svemoćno, završeno i savršeno biće iako tome večito teži.

Ta težnja nije samo stvar slobodne volje, već i nužan uslov opstanka čoveka, generički nagon kroz koji se neumoljiva prirodna nužnost ispoljava kao carstvo ljudske slobode; naučno stvaralaštvo je i slobodna igra ljudskog uma i preka potreba opstanka ljudskog bića. Za istinom čovek ne traga iz puke znatiželje, već pre svega radi obezbeđenja svoje egzistencije, ne samo da bi je unapredio, nego i da bi se uopšte održao, zbog čega se njegove generičke sposobnosti razvijaju kroz neprekidnu borbu za opstanak.

Dok je priroda relativno malobrojnim pripadnicima ljudskog roda pružala izobilje životnih sredstava, nije bilo velike nužde za logičkim zaključivanjem, pa je i površno empirijsko opažanje bilo dovoljno za trenutačno snalaženje u zatečenim prirodnim okolnostima. Što su s umnožavanjem stanovništva prirodni resursi postajali oskudniji, a životni prohtevi veći, umno naprezanje je, radi pronalaženja rešenja za obezbeđenje životne egzistencije, postajalo sve neophodnije.

Duhovna geneza: animizam-totemizam-politeizam-monoteizam-idealizam-materijalizam-energizam, koja označava razvoj apstraktnog mišljenja kroz naprezanje ljudskog uma da pronikne u suštinu stvari i pokretačke snage sveta, odgovara promenama u prirodnim uslovima neprekidne borbe za opstajanje i napredovanje ljudskog roda. Sve oskudniji prirodni resursi ljudske egzistencije morali su biti nadomešteni sve većom snagom ljudskog uma da životne resurse sam stvara; što je priroda postajala škrtiji darodavac, moralo je sve izdašnije bivati darodavstvo i samodarodarstvo čoveka.

Celokupan duhovni život čoveka usmeren je na ovladavanje postojećim svetom, ulaženje u njegove tajne radi njegovog uređivanja i preuređivanja prema sopstvenim zamislima i potrebama. Od magije do savremene elektronike, mišljenje je uvek bilo u funkciji delanja, spoznavanje se vrši radi menjanja sveta, težnja za znanjem proističe iz težnje za stvaranjem, koja je, kao svojevrsni „instikt stvaranja"[1], „...*duboko usađena u ljudskoj prirodi...*", tako da „...*svaki od nas nosi u sebi makar i nesvjesnu težnju za stvaranjem*"[2], a „...*oni jaki i silni žele sami da oblikuju i oko sebe ne trpe više ništa strano*"[3].

Pošto je stvaralaštvo „...*čin slobode i, čak, njen suštastveni izraz*"[4], razvoj stvaralaštva je odlučujući činilac individualizacije i socijalizacije jer se sve veći broj ljudi sve više bavi stvaranjem, koje je samo po sebi i samo za sebe suštastveni i najrazvijeniji oblik ispoljavanja lične individualnosti i međusobne komunikacije individua, i jer se sve veći broj ljudi u svom proizvodnom i stvaralačkom radu sve više koristi stvaralačkim tekovinama koje su mnogi stvaraoci i mnoge generacije stvaralaca stvarali.

Svaki naučni i tehnološki pronalazak značio je napredak u jačanju stvaralačkih i proizvodnih snaga čoveka, pa samim tim i u razvoju ljudske zajednice. Zahvaljujući tome što je stvaranjem robovlasništva jedan broj ljudi oslobođen proizvodnog rada, nastale su antička filozofija, nauka i umetnost, kojima su postavljeni neuništivi temelji savremene duhovne i tehničke kulture, bez čega ne bi bilo nikakvog društvenog napretka.

Iako srednji vek, sa vladavinom feudalizma i imaginarne religijske svesti, obeležava velika kriza ljudskog uma u traganju za tajanstvenim silama prirode, napori za njeno prevladavanje urodili su velikim duhovnim preporodom sa fantastičnim stvaralačkim uzletom. Veru u boga počela je da potiskuje vera u čoveka, bedna individua koja se klanja pomrčini sopstvenog uma s osećanjem nemoći i straha da bilo

[1] Viljem Mak Dugal, zbornik *Teorije o društvu*, isto, str. 721
[2] Dr Marijan Košiček, *Radna sposobnost*, Privreda, Zagreb, 1963, str. 164
[3] Fridrih Niče, *Volja za moć*, Prosveta, Beograd, 1976, str. 37
[4] Radomir Lukić, *Sociologija morala*, isto, str. 373

šta promeni, počela je da izrasta u slobodoumnu i moćnu individuu, smelu i spremnu da prevrće i menja ceo svet.

Teizaciji je suprotstavljena scientizacija i tehnologizacija, obogotvorenju ljudske imaginacije obogotvorenje samog ljudskog uma i ljudskih umotvorina koje doprinose jačanju individualne i društvene moći čoveka, pa i sam „...*katolicizam smatra da bilo koji pokušaj čoveka da se oslobodi posredstvom tehničke moći od vladavine tvorca, neizbežno vodi ka obogotvorenju stvorenog...*", gde „...*spada i tehnika*"[1]. Teologija je već do te mere potisnuta tehnologijom da se i sama mora prilagođavati opštoj tehnologizaciji društva i iz samog temelja revidirati religijska učenja.

Društvo se ubrzano kreće, i radi svog opstanka mora se sve brže kretati ka stanju kada će nauka i tehnologija predstavljati glavnu i univerzalnu delatnost, kojom će svi moći i morati da se bave, pa će svaka ljudska individua iz neposrednog sredstva proizvodnje izrasti u slobodnog kreatora proizvodnih programa i tehnologija. Tehnološki razvoj se odvija upravo tako da „...*za razliku od mašine XIX veka koja je svodila čoveka na ulogu sluge i sredstva, mašina XX veka može osloboditi čoveka svih zadataka osim zadatka postavljanja problema i izbora ciljeva*"[2].

Ukoliko nauka i tehnologija postaju glavna i univerzalna delatnost društva, ljudski mozak i ljudsko znanje postaju glavno sredstvo i osnovna „sirovina" društvene reprodukcije[3], koje svako može neograničeno koristiti, što upravo i omogućava da se svi kvalifikovano bave naučnom i tehnološkom delatnošću i „...*da se pojedinačne sposobnosti i inteligencija svakog bića pretvore u stvaralaštvo i razvoj*"[4].

---

[1] E.M. Babosov, zbornik *Nauka i tehnologija u XX veku*, Gradina, Niš, 1973, str. 89

[2] R. Garodi, *Velika prekretnica socijalizma*, Komunist, Beograd, 1970, str. 31

[3] Vujo Vukmirica, *Kapital i socijalizam*, Naučna knjiga, Beograd, 1988, str. 110

[4] Joviša Prokopljević, *Bitni faktori društvenog i tehnološkog razvoja*, Ekonomika, Beograd, 1985, str. 136

Kad s univerzalizacijom naučne i tehnološke delatnosti svi počnu delovati samo snagom svog mišljenja[1], individualna moć svake ljudske jedinke počeće da se izjednačava s opštedruštvenom moći. To što su u uslovima nerazvijenog i podeljenog rada mogli samo svi zajedno, sada će sve više moći i svako pojedinačno jer će fond ukupnog društvenog znanja, kao glavnog izvora ljudske moći, svima i svakome postajati sve dostupniji. Umesto u ličnosti probranih i odabranih, društvena moć se sve više koncentriše u ličnosti svake individue, koja po ‹stepenu svoje moći, slobode i samostalnosti postaje društvo u malom, kao što društvo postaje individua u velikom. I tek sada izbija na videlo to što je ranije bilo prikriveno, da individualnost ljudske jedinke proističe iz njene društvenosti, a društvenost iz njene individualnosti.

Iako su suštastveni generički činilac individualizacije i socijalizacije, scientizacija i tehnologizacija nisu, međutim, otpočetka predstavljale samosvrsishodnu delatnost, već su podsticane i razvijane pre svega u funkciji fiziološke reprodukcije ljudske egzistencije, baš kao što i ljudska jedinka prve intelektualne napore čini pre svega radi biološkog osamostaljivanja. Intelektualno poigravanje nastaje tek kad se bar do određenog minimuma razviju odgovarajuće intelektualne predispozicije, a od duhovne mrzovolje čak i u zrelom dobu pate pojedine individue i skupine koje su osuđene na pretežno fizičku aktivnost.

Scientizacija i tehnologizacija su otpočetka prevashodno u funkciji racionalizacije i produktivnosti proizvodnog rada, čije je povećavanje predstavljalo neizostavni uslov opstanka ljudskog roda. Intelektualne sposobnoti mogle su se ispoljavati i razvijati ukoliko je priroda prema čoveku bila toliko darežljiva da je on samo svojim radom mogao proizvoditi neophodna sredstva životne egzistencije, ali ne ukoliko mu je i bez rada obezbeđivala životno izobilje. Sreća pojedinih divljih skupina da su se našle u izolovanim rajskim oazama prirodnog izobilja,

---

[1] Vidi isto, str. 130

predstavljala je njihovu najveću nesreću da ostanu na početnom stadijumu razvoja pred stalnom opasnošću da svakog trenutka mogu biti uništene.

Povećanje proizvodne snage ljudskog rada višestruko utiče na individualizaciju. Ono već samo po sebi i samo za sebe znači jačanje vlasti čoveka nad prirodom, i to kako celog ljudskog roda, tako i svake ljudske jedinke pojedinačno, koje omogućava sve veće osamostaljivanje, i roda prema prirodi, i jedinke prema rodu. Podizanjem produktivnosti skraćuje se vreme fiziološke, a produžava vreme generičke reprodukcije ljudske egzistencije, čiju osnovu čini pre svega naučno i tehnološko stvaranje, za koje se podizanjem produktivnosti stvaraju i sve povoljnije materijalne pretpostavke.

S individualizacijom je povećavanjem produktivnosti istovremeno podsticana i sve veća socijalizacija. Svaki uspeli pokušaj da se produktivnost ljudskog rada podigne na viši nivo, brzo je se prenosio sa pojedinca na pojedinca i sa generacije na generaciju, i to utoliko brže što su se nauka i tehnologija, kao osnovni činioci produktivnosti, brže razvijali. Doskora skrivena i prikrivena, danas su nauka i tehnologija najneposrednija i najevidentnija integrativna snaga društva. Prvenstveno u funkciji racionalnog korišćenja sve dragocenijeg prostora i vremena, ceo svet se radi što tešnjeg povezivanja, međusobnog komuniciranja, boljeg razumevanja i lakšeg sporazumevanja, koristi istim naučnim i tehničko-tehnološkim sistemima, preko kojih je svaka individua mnoštvom vidljivih i nevidljivih niti upletena u neraspletivu mrežu društvenih veza i odnosa, kojih niti želi niti može da se oslobodi.

Ali nauka i tehnologija nisu samo najstameniji, nego su i najfleksibilniji činilac individualizacije i socijalizacije. Ne samo zbog prirodnog nemira ljudskog duha, već i radi stalne težnje za jačanjem proizvodne snage ljudskog rada, odbacuju se stari i prihvataju novi naučni i tehnološki sistemi. Integrativna snaga nauke i tehnologije upravo i izvire iz njihove inovativnosti, koja proističe iz neodoljive ljudske težnje za stalnim prevazilaženjem i samoprevazilaženjem postojećeg.

Težnja za prevazilaženjem i samoprevazilaženjem postojećeg bila je od samog nastanka ljudskog roda usmerena na ekonomisanje radnom energijom čoveka i njeno oslobađanje od neposrednog proizvodnog rada, što je zapravo i predstavljalo osnovni motiv naučne i tehnološke delatnosti. Ako je razvoj manuelne tehnologije celo vreme bio usmeren na ekonomisanje ljudskom energijom, razvoj mašinske tehnologije zasniva se na njenoj zameni mehaničkom energijom, koja je u najsavremenijim industrijskim pogonima praktično već izvršena. Automatizacija proizvodnje je iskonski cilj i glavni motiv intelektualnih napora ljudskog bića jer ga samo ona oslobađa neposredne zavisnosti od prirode i čini istinski samostalnim u upravljanju sopstvenom reprodukcijom.

Prelazak sa manuelne na mašinsku tehnologiju predstavlja istorijsku prekretnicu u ostvarivanju tog cilja. Kad je dostignut maksimum moguće ekonomije manuelnog rada, dalji rast njegove produktivnosti bio je moguć samo na bazi supstitucije ljudske energije mehaničkom energijom, i kad je pronalaskom parne mašine taj skok napravljen, i produktivnost je počela naglo da skače. Zahvaljujući tome, radno vreme je brzo prepolovljeno, a slobodno udvostručeno uz istovremeni ubrzani rast materijalnog društvenog bogatstva i životnog standarda stanovništva.

Bespoštedna tržišna konkurencija je trku za bezgranično podizanje produktivnosti pretvorila u kategorički imperativ, a time i u najsnažniji pokretač naučnog i tehnološkog razvoja, koji više nije samo stvar prestiža i životnog boljitka, već i neizostavni uslov opstanka čoveka i čovečanstva. Kompleksnom automatizacijom čovek se ubrzanim koracima približava potpunom oslobađanju od neposrednog proizvodnog rada, koje je polazna osnova opšteg oslobođenja od robovanja višim prirodnim silama, pa i sopstvenim zabludama o njegovoj neminovnosti.

87

Kroz borbu za povećanje produktivnosti izgrađivan je i odgovarajući profil ljudske individue; čovek je takav kako stvara, proizvodi i deluje, a da bi se održao, otpočetka je stvarao, proizvodio i delovao pre svega tako kako je morao. Ako je malom broju srećnika palo u carstvo da rade i ono što žele, ogromna većina proizvođača je bila osuđena da radi samo po određenom šablonu koji se vekovima nije menjao ili se menjao gotovo neprimetno, zbog čega su se i generacije, a pogotovu pojedinci, međusobno neznatno razlikovali.

Međusobno razlikovanje individua na bazi specijalizacije za pojedina zanimanja proisticalo je upravo iz razlikovanja u načinu izrade sredstava i predmeta rada. Pojedinci su se među sobom razlikovali po tome šta rade i kako rade; zanimanje je predstavljalo osnovu njihove individualnosti, pa ukoliko je ono bilo doživotno, pojedincu je bilo „suđeno" da živi i umre kao stereotipna individua, koja je celog života morala biti takva kakvom ju je podela rada predodredila.

Specijalizaciju proizvodnih zanimanja određivala je specijalizacija proizvodnih tehnologija. Određeni posao pretvaran je u specijalno zanimanje ukoliko su u njegovom obavljanju primenjivani specijalni postupci i specijalna tehnika izrade. Pošto je osnovni smisao proizvodne tehnologije da se sa što manje rada proizvede što više, ni proizvodna podela rada, kao neposredni izraz tehnološkog progresa, nije mogla imati drugog smisla.

Manuelna tehnologija nije se mogla razvijati bez društvene podele manuelnog rada. Nasuprot tome, razvoj mašinske tehnologije vodi ukidanju podele manuelnog rada jer ukida sam manuelni rad. Ako se pogonska snaga ljudske energije zamenjuje pogonskom snagom mehaničke energije, i ljudsku specijalizaciju zamenjuje mašinska specijalizacija, dok se proizvodne funkcije radnika svode na proste operacije, koje se i same moraju mehanizovati, jer „...*krajnja repetitivnost smanjuje produktivnost individualnog rada*"[1], pošto ga krajnje deindividualizira.

---

[1] Charles R. Wolker, cit. rad, str. 108

Primenom mašinske tehnologije manuelni rad je od samog početka mehanizacije sve više zamenjivan umnim radom. *„Zbog brzog napredovanja tehnike i sa prelazom na dublje principe automatizacije, u radu tehničara oseća se potreba teoretske, inženjerske kvalifikacije - naročito u takvim strukama kao što su matematika, elektronika i sl. ...",* a *„...inženjeri, opet, dobijaju sve češće zadatke istraživanja, koji zahtevaju naučnu pripremu".* Pošto automatizovana proizvodnja ne može bez naučne pripreme, *„...trendovi razvitka pokazuju nesumnjivu tendenciju ka naglom skoku porasta udela zaposlenih u nauci, istraživanju, razvoju"*[1].

Ukidanjem manuelnog rada ukida se i sama podela na manuelni i umni rad, pa i na njoj zasnovana klasna polarizacija društva. Preuzimajući odlučujuću ulogu u društvenoj reprodukciji, stvaralačka inteligencija iznutra razara klasnu strukturu društva jer nadrasta i proizvođačke i vladajuće klase. *„Tehnologija po samoj svojoj funkciji teži da se postavi „iznad klasa", da negira nužnost njihove borbe, da se nametne kao posrednik i kao arbitar i da tim putem sa njima stupi u protivurječnost"*[2].

Kao razvojni proces proizvođačkog društva, klasna polarizacija na proizvođačke i vladajuće klase je i nastala i nestaje pod odlučujućim uticajem scientizacije i tehnologizacije. Usavršavanjem sredstava i načina proizvodnje najpre su podizanjem produktivnosti stvoreni uslovi za društvenu polarizaciju na jedne koji proizvode i druge koji upravljaju društvenom reprodukcijom, dok se daljim razvijanjem proizvodnih tehnologija nije dospelo do nivoa na kojem je morao otpočeti proces klasne depolarizacije.

Scientizacija i tehnologizacija su na klasnu polarizaciju i depolarizaciju društva najneposrednije uticale preko individualizacije i

---

[1] Isto, str. 124 i 127
[2] Andre Gorc, *Radnička strategija i neokapitalizam*, Komunist, Beograd, 1970, str. 105

socijalizacije proizvodnje i proizvodno-svojinskih odnosa. Svako unapređenje proizvodne tehnologije povećavalo je proizvodnu snagu pojedinca da samostalno proizvodi sredstva svoje egzistencije, što je opet zahtevalo sve šire i sve čvršće povezivanje pojedinačnih proizvodnih snaga u jedinstvenu proizvodnu snagu društva, kao što je uostalom i naučno-tehnološki progres, na kojem se zasniva razvoj proizvodnih snaga, zajedničko delo cele društvene zajednice.

Najveći istorijski preokret u procesu individualizacije i socijalizacije društvene reprodukcije izazvala je industrijska tehnološka revolucija. Ako manuelna tehnologija po svojoj prirodi podrazumeva individualnu prizvodnju, mašinska tehnologija je generička osnova kolektivne proizvodnje, koja podrazumeva i kolektivno raspolaganje proizvodnim sredstvima. Upravo je prvenstveno razvoj industrijske tehnologije podstakao ubrzanu koncentraciju i socijalizaciju kapitala putem akcionarstva, zadrugarstva i nacionalizacije privatnog kapitala, jer se „...*naučna i tehnička revolucija ne može razvijati izuzev tamo gde postoji velika koncentracija kapitala*"[1].

Što se sa razvojem nauke i tehnologije proizvodnja više podruštvljava, postaje sve neophodnije i podruštvljavanje upravljanja proizvodnim i ukupnim sredstvima društvene reprodukcije, kojima se sve teže može upravljati pojedinačno. „*Automatizacija naglašava međuzavisnost svih elemenata u tvornici - ljudi, mašinerije, održavanja i uprave - u postizanju neprekinute proizvodnje; a međuzavisnost pretpostavlja participaciju*"[2], koja sve više mesta nalazi i u kolektivnim ugovorima, čije „...*težište sve više prelazi na pitanja sigurnosti posla i zarade, učešće radnika u odlukama upravljača preduzeća koje indirektno ili direktno utiču na njihov položaj, poboljašanja uslova rada, obezbeđenja godišnjih odmora, dotiranja za razne vidove dopunskih osiguranja*"[3].

---

[1] Rože Garodi, cit. rad, str. 34
[2] Charles Walker, cit. rad, str. 207
[3] Vladislav Milenković, cit. rad, str. 151

Demokratizacija upravljanja društvenom reprodukcijom je imperativ naučno-tehnološke revolucije, čiji je „...*proces kao specifična univerzalna revolucija u svim proizvodnim snagama neostvarljiv - bar u svojoj celini - bez pozitivnog samostalnog učešća većine, a na kraju svih članova društva*"[1]. Zato „...*promjene koje u neposrednom radnom procesu izaziva nova, suvremena i automatizirana tehnologija, te upravljanje njome, neizbežno imaju u sebi klice samoupravnih aspiracija*"[2]. Automatizacija posredničku funkciju birokratije „...*čini suvišnom...*"[3] i neodrživom, jer „...*masovna upotreba elektronskih računala, koja danas postaju dostupna sve većem broju ljudi, dovodi do postepenog rušenja dosadašnje društvene i stručne „hijerarhije*"*"[4].

Ta hijerarhija je odavno počela da se ruši potiskivanjem individualnog odlučivanja sve širim kolektivnim odlučivanjem. „*Moć nad privrednom inicijativom, a to znači i moć nad društvom, nije prešla na pojedince nego na organizacije... U tipičnoj situaciji odluke se temelje na različitim specijaliziranim naučnim i tehničkim znanjima, na akumuliranim informacijama, na nagomilanom iskustvu i na umjetničkom ili intuitivnom smislu, odnosno nadarenosti mnogih osoba... Među dvije stotine najkrupnijih korporacija u SAD-a upravo te korporacije sačinjavaju srce i jezgru industrijskog sistema - malo je takvih u kojima vlasnici imaju bilo kakav značajniji utjecaj kad se radi o donošenju odluka*"[5].

Odlučivanje o društvenoj reprodukciji prelazi s inokosnih posednika kapitala na kolektivne posednike znanja jer umesto kapitala znanje postaje glavni činilac društvene reprodukcije. „*Zahtjevi što ih*

---

[1] Radovan Rihta, cit. rad, str. 240

[2] Drago Buvač, cit. rad, str. 111

[3] Dr Rudi Supek, *Automatizacija i radnička klasa*, Božidar Adžija, Zagreb, 1965, str. 109

[4] Prof. Dr Boris Petz, *Psihologija rada*, Školska knjiga, Zagreb, 1987, str. 270

[5] John Kenneth Galbraith, cit. rad, str. 70 i 92

postavljaju tehnologija i planiranje, uveliko povećavaju potrebe indu-
strijskih preduzeća za specijaliziranom radnom snagom i potrebu da se
ona organizira...", tako da će se *"...na polju industrijske inicijative do-*
goditi novi pomak moći, i to s kapitala na orginizirano znanje, a mog-
lo bi se očekivati i to da će se to pomicanje odraziti i na rasporedu mo-
ći i snaga u društvu kao cjelini...", što se *"...upravo i događa; zapra-*
vo je moć prešla na nešto što svatko tko voli tragati za nečim novim,
može slobodno nazvati novim faktorom proizvodnje...", a *"...taj novi*
faktor proizvodnje jest udruživanje ljudi koji poseduju znanja"[1].

Pomeranje proizvodne i društvene moći sa kapitala na znanje je odlučujući činilac svojinske demonopolizacije i klasne depolarizacije, kojima se svojinska i klasna diferencijacija društva smeštaju u muzej istorijskih starina. Dok je kapital glavni proizvod i glavni generator prisvajanja, znanje je i po nastajanju i po funkciji opštedruštveno do- bro, koje je po svojoj prirodi generički generator ljudske socijalizacije i univerzalizacije.

Kapital je ništavna i uništiva vrednost, koja se samo grabi i pri- svaja lišavanjem drugih jer su njeni izvori ograničeni i presušivi, a zna- nje je neuništiva vrednost koja se i usvaja od drugih i nesebično dari- va drugima jer su njeni izvori nepresušni i nepresušivi. Princip repro- dukcije kapitala je stoga maksimalna štednja potrošnih materijalnih vrednosti, dok je reprodukcioni princip znanja bezgranično rasipništvo ljudskog duha i nepotrošivih duhovnih vrednosti.

Sve dok reprodukcija kapitala čini osnovu društvene reprodukci- je, ona samim tim predstavlja i osnovnu preokupaciju društva. Uko- liko, pak, neposrednom osnovom društvene reprodukcije postaje samo znanje, osnovnom preokupacijom društva postaju njegova scientiza- cija i tehnologizacija kao generička reprodukcija ljudskog roda, što

---

[1] Isto, str. 67 i 68

podrazumeva da se i težište lične preokupacije ljudske jedinke sa zarade i profita kao materijalnih uslova njene fiziološke egzistencije, pomera na duhovno stvaralaštvo kao osnovu njene generičke egzistencije.

Dok su scientizacija i tehnologizacija u funkciji reprodukcije kapitala, tome su podređeni i individualizacija i socijalizacija ljudske jedinke. Kao pokretačka snaga društvene reprodukcije, kapital je glavna integrativna snaga društva, u koje svojim reprodukcionim tokovima zbija sve individue određujući njihov individualitet prema ulozi u reprodukciji samog kapitala. Ukoliko, međutim, neposrednom osnovom društvene reprodukcije postaje duhovno stvaralaštvo, povezivanje ljudskih jedinki u jedinstvenu zajednicu vrši se samim stvaranjem, a individualitet svake jedinke određuje se njenim sopstvenim stvaralaštvom, tako da tek u kovačnici slobodnog stvaranja svako postaje kovač svoje sreće.

Informatizacija i edukacija

Pošto se zasniva na međusobnom povezivanju ljudskih individua, socijalizacija je nezamisliva bez njihovog međusobnog komuniciranja, a generičko komuniciranje ljudi vrši se putem mišljenja, koje u suštini i nije ništa drugo nego način komuniciranja mislećih bića. Ali bez generičke komunikacije nema ni lične individualizacije, koja se zasniva na duhovnom razvoju celog roda.

Kao način generičke komunikacije, na kojoj se zasniva i socijalizacija i individualizacija mislećih bića, mišljenje je nezamislivo bez govora kao neizostavnog načina sopstvenog izražavanja i saopštavanja. Kakvo god da je, mišljenje se ako postoji, mora izgovarati, a kad nema mišljenja, ne može biti ni govora. I kad u sebi razmišlja, čovek sam sa sobom razgovara, saopštavajući sopstvene misli samom sebi, što u stvari najčešće i čini pokazujući time da on u suštini nikad nije sam i usamljen.

I kad sam sa sobom razgovara, čovek u stvari razgovara sa drugim čovekom koji neprekidno „čuči" u njemu i neizostavno ga opseda, a taj drugi čovek je njegovo rodno biće sa kojim se stalno obračunava obračunavajući se sa samim sobom. Stoga je svaka ljudska individua u stalnom konfliktu sa samom sobom kao neizbežnom konfliktu sa svojim rodnim bićem, od kojeg ne može da se otrgne, pa je samim tim nemoćna da se otrgne i od same sebe.

Rodno biće svake ljudske jedinke su sve tekovine ljudskog roda koje ona komuniciranjem sa drugim jedinkama usvaja i u svom delovanju koristi, identifikujući se sa rodom prema korišćenju njegovih tekovina, ali i suprotstavljajući mu se u istoj meri. Što se komuniciranje sa drugima više intenzivira i širi, intenzivira se i širi identifikacija i konfrotacija sa rodnim bićem, koje se pri nerazvijenom komuniciranju praktično svode na identifikovanje i konfrotiranje sa najbližim osobama, prema kojima se razvijaju osećanja sudbonosne zavisnosti, te se stoga i okrivljuju za sve lične nevolje. Život u zatvorenim krugovima obiluje preteranim i često nepodnišljivim kontrastima, koje je praktično nemoguće prevazići bez prevazilaženja same zatvorenosti.

Prevazilaženje zatvorenosti i otvaranje prema svetu vrše sa širenjem i intenziviranjem govornog komuniciranja, kojim se o mislima drugih obaveštava i sopstvene misli drugima saopštavaju. A pošto je mišljenje generička osnova ljudskog povezivanja u zajedničkom rešavanju životnih problema, govorom se uspostavlja, održava, širi i razvija ljudsko zajedništvo u prostoru i vremenu, gradi, dograđuje i nadograđuje društvena zajednica i njena istorija. Širina individualnosti i društvenosti ljudske jedinke u osnovi je određena dometom njenog govora.

Gestikularno-mimički govor označava prve, mukotrpne i još nesigurne korake međuljudskog komuniciranja, čiji je domet ograničen dometom ljudskog vida i stoga uslovljen fizičkim prisustvom sagovornika na uskom prostoru i u kratkoročnom vremenskom intervalu. Samim tim, ispoljavanje lične individualnosti i međusobno povezivanje komunicirajućih jedinki je više slučajno, diskontinuirano i spontano nego sistematsko, kontinuirano i organizovano. Njihova individualnost i društvenost su praktično još u povoju, o čemu najevidentnije svedoči i rano detinjstvo; individualnost i društvenost novorođenčadi su još neodređeni jer su im misli neiskristalisane i neizrecive, a krug sagovornika krajnje ograničen; ona se tek opraštaju od životinjskog načina komuniciranja putem nagonskog saopštavanja sojih fizioloških prohteva.

Veliku revolucionarnu promenu u razvoju ljudskog mišljenja, te individualizacije i socijalizacije ljudske jedinke označava nastanak glasovnog govora, kojim se domet međuljudskog komuniciranja izjednačava sa dometom ljudskog glasa. Glasovni govor izražava već jasno iskristalisanu misao, bez koje ne može biti ni jasno izražene individualnosti ni neophodne samostalnosti u međusobnom komuniciranju i udruživanju individua. Tek kad je sposobna da formira sopstveno mišljenje, jedinka se može izdvojiti iz amorfne mase i snagom svoje reči, ne samo pojedinačno već svima istovremeno, staviti do znanja da ona i sama za sebe nešto znači.

Novu revolucionarnu promenu u razvoju individualizacije i socijalizacije izazvao je pisani govor, kojim su praktično ukinute prostorne i vremenske granice međuljudske komunikacije. Pisana reč je omogućila da se duša odvoji od tela i da krilima mislenih simbola koji govore umesto ljudi, krstari svetom. Omogućila je da se subjektivna misao objektivizira, konzervira, akumulira, laguje i po želji upotrebljava i zloupotrebljava u korist i na štetu čoveka i čovečanstva. Zahvaljujući pronalasku štamparije, pisana reč je postala masovna duhovna hrana i najubojitije oružje za porobljavanje i oslobađanje ljudi.

Kao najnoviji revolucionarni izum čovečanstva, elektronski govor je omogućio savremenu naučno-tehnološku revoluciju, kojom je čovek, i kolektivno i pojedinačno, uzdignut do nivoa čudotvorca. Koncenracijom celokupnog ljudskog znanja na jednom mestu, elektronika ga svakoj ljudskoj jedinki stavlja na slobodno raspolaganje i neograničenu upotrebu, podižući time njenu individualnu moć do nivoa kolektivne moći celog čovečanstva. Zahvaljujući dostignućima elektronike, koje ne bi bilo bez elektronskog govora, čovek se sasvim približio posedovanju čudesne moći, koju je nekada pripisivao samo izmišljenom božanstvu, da smagom reči po sopstvenoj zamisli stvara, skraja i prekraja svet.

Elektronskim govorom su prostor i vreme praktično prebrođeni u međuljudskom komuniciranju. *„Sistem INTELSAT-a omogućava trenutnu vezu između bilo koje dvije točke na zemlji*"[1], a radi se na uspostavljanju kontakta i sa potencijalnim vanzemaljskim bićima. Pošto elektronski govor predstavlja jedinstven svetski jezik, njime su prebrođene i razlike u nacionalnim govornim jezicima, što je jedan od osnovnih uslova za funkcionisanje jedinstvene svetske zajednice, u kojoj se individualitet jedinke uzdiže na svetski nivo, a individualitet svetske zajednice spušta na nivo jedinke.

Neposredni smisao informacije je edukacija u funkciji osposobljavanja individue za praktično delovanje, zbog čega se *„...tek u zajednici koja ima izvesne praktične ciljeve od opšteg značaja pojavljuje potreba za koordiniranjem akcija, za prenošenjem informacija, za međusobnim pomaganjem, za takmičenjem...*"[2], ali je *„...jedna od prvih potreba ljudskog društva bio govor pomoću...*" kojeg je *„...grupa mogla da objasni mlađima uobičajene načine prikupljanja hrane*"[3].

Ludska jedinka je tu potrebu počela osećati čim se počela osamostaljivati u odnosu na grupu, upravo zbog toga da bi korišćenjem

---

[1] Lester R. Brown, cit. rad, str. 232

[2] Mihailo Marković, *Dijalektička teorija značenja*, Nolit, Beograd, 1971, str. 454

[3] *Stari svet*, Narodna knjiga - Vuk Karadžić - Rad, Beograd, str. 10

znanja mogla samostalno delovati. Jedinka uglavnom prima i daje one informacije koje su u funkciji njenog praktičnog delovanja, kao što i ceo rod traga za saznanjima čijim korišćenjem obezbeđuje svoj opstanak i napredovanje. Te informacije, preko kojih sredina utiče na jedinku i jedinka na sredinu, su generička osnova izgrađivanja i osposobljavanja jedinke za samostalnu egzistenciju. Svaka informacija u saznajnom opusu jedinke je kao ciglica koja se ugrađuje u nikad završenu građevinu njenog individualiteta, čija veličina zavisi pre svega od stvarne uloge i pozicije jedinke u društvenoj reprodukciji.

Pošto se uloge i pozicije konkretnih jedinki u društvenoj reprodukciji razlikuju, razičite su im potrebe i mogućnosti informisanja, odakle proističu i razlike u veličini njihovog ličnog individualiteta. Veličina takozvanih velikih ličnosti nije određena toliko njihovim subjektivnim predispozicijama koliko objektivnim pozicijama u kojima su se sticajem okolnosti našle, a tek sa razvijenim predispozicijama mogu menjati pozicije i okolnosti.

Velike ličnosti su velike pre svega po veličini znanja koja u svom delovanju koriste, ali da bi mogla samostalno delovati, svaka individua formira i samostalan pogled na svet, popunjavajući praznine u objektivnim saznanjima imaginarnim predstavama. Idejna i delatna samostalnost svake individue je u direktnoj zavisnosti od objektivnih saznanja kojim raspolaže, pa je i njena zavisnost od drugih individua u srazmeri sa zabludama o spoljašnjem svetu i sopstvenom individualitetu.

Zbog društvene podele rada i klasne polarizacije, samo su povlašćeni u poziciji da se slobodnije formiraju kao samostalne individue, dok su pripadnici proizvođačkih klasa osuđeni na stereotipno vaspitanje i skučeno profesionalno obrazovanje, kojim se formira ograničeni i otuđeni individualitet. Ukoliko se, međutim, povlašćeni ne bave konkretnim delatnostima i društvenim delovanjem, njihov lični individualitet može biti i daleko ispod nivoa obezvlašćenih proizvođača; oni su i za sebe i za ljudski rod praktično izgubljene individue pošto se svaki individualitet samo radom i društvenim delovanjem stvara.

Proizvođačko društvo proizvodi, po pravilu, stereotipnu proizvođačku individuu, koja stiče toliko znanja i sposobnosti koliko je neophodno za obavljanje stereotipne proizvođačke funkcije. Jednom stečeno profesionalno znanje, koje je dovoljno za ceo život, nadograđuje se zatvorenim dogmatskim pogledom na svet, kojim se kao čarobnom životnom formulom, sve objašnjava iako stvarno ne može da se objasni ništa.

Takvom individuom se može lako, gotovo automatski upravljati kad se indoktrinira podaničkim pogledom. U funkciji svoje reprodukcije, agrarno društvo je pretvaranjem religije u vladajuću ideologiju, jednu izrazito buntovničku svest izokrenulo u tipično podaničku svest, a sličnu sudbinu doživela je, u funkciji reprodukcije industrijskog društva, i politička ideologija. Slobodarske ideje buržoaske i socijalističke revolucije su pod vladavinom buržoazije i državne birokratije izokrenute u svoju suprotnost da bi se učvrstila najamnička psihologija industrijskog radnika.

Socijalizacija individua proizvođačko-klasnog društva vrši se njihovim ideološkim zauzdavanjem pomoću moralnih, religijskih, pravnih i političkih normi, kojima se moraju povinovati samo pripadnici proizvođačko-podaničkih klasa, dok ih pripadnici vladajućih klasa krše kad god im se prohte. Ali pošto je svako ograničavanje ljudskog ponašanja i delovanja nespojivo sa slobodarskom prirodom ljudskog bića, kršenju vladajućih normi sklona je svaka individua, zbog čega društvenih normi i nema bez društvenih sankcija.

To je i osnovni uzrok što je vladavina društvenih normi, kao nepodnošljivih okova ljudskog duha, u stalnom sukobu sa duhovnim stvaralaštvom, koje se u slamanju duhovnih okova upravo i sastoji. Taj neizbežni sukob odigrava se i u društvu i u svakoj individui, u kojoj se vodi neprekidna borba između učmalih ideoloških dogmi i duhovnih inovacija bilo da dolaze spolja ili da izviru iz njene sopstvene aktivnosti.

Interna borba individue sa samom sobom je pod stalnim uticajem društvene konfrontacije između ideologije i nauke. Pošto ruši ideološke dogme, naučno stvaralaštvo je na stalnom udaru ideoloških organizacija, naročito države, crkve i partije, koje nastoje da ga pretvore u apologiju sopstvenih dogmi, gušeći sve što je slobodno i antidogmatsko. Tome se podređuje i celokupan obrazovno-vaspitni sistem, koji proizvodi začaurene i konfliktne individue razapete između istine i zabluda.

Sukob ideologije i nauke, kao osnovnih izvora informatizacije i edukacije, neizbežan je sve dok lažne ideološke dogme, u funkciji održavanja svojinskog i političkog monopola vladajućih neproizvođačkih klasa, vladaju društvenom svešću. Njegovo prevazilaženje započinje tek kad osvajanjem vlasti od strane samih proizvođačkih klasa počne prevazilaženje tog monopola. Kao poslednja eksploatisana i prva vladajuća klasa neposrednih proizvođača, *„...proletarijat je na kraju prva klasa koja teži ka istinskoj spoznaji..."*, zbog čega *„...on ima pozitivan stav prema svakom naučnom rezultatu koji povećava našu spoznaju stvarnosti i potpuno negativan stav prema svim ideologijama koje negiraju u cjelini ili djelomično vriijednosti ili važnost nauke"*[1].

Stav proletarijata prema nauci je pozitivan zbog toga što je ona neizostavni uslov njegovog oslobođenja, pošto je scientizacija generička osnova tehnološkog, ekonomskog i ukupnog društvenog razvoja, koji vodi opštem oslobođenju čoveka i čovečanstva. U toj funkciji scientizacija je i neizostavni uslov progresivne informatizacije i edukacije, kojima se ljudska individua oslobađa duhovnog i društvenog robovanja.

Ali i informatizacija i edukacija su neizostavni uslov scientizacije i tehnologizacije. Bez prostornog i vremenskog transfera informacija

---

[1] Lucien Goldmann, cit. rad, str. 20/1

i akumilacije naučnih i tehnoloških znanja u saznajnim fondovima individue i društva, ne može biti nikakve naučne i tehnološke delatnosti, pa samim tim ni naučno-tehnološkog progresa. Sav dosadašnji razvoj nauke i tehnologije bio je u direktnoj zavisnosti od razvoja informisanja i obrazovanja, i kolikogod da savremena naučno-tehnološka revolucija utiče na savremeno informisanje i obrazovanje, ništa manji nije ni obrnuti uticaj.

Preko naučno-tehnološkog progresa informatizacija i edukacija bitno utiču i na rast društvene produktivnosti, koji je od njih samih i u neposrednoj zavisnosti. *„Prema proračunu E. Denisona, u posleratnim godinama naučno-tehnološka revolucija i obrazovanje postali su najvažnijim faktorima ubrzanja rasta produktivnosti rada...",* a samo *„...na osnovu povećanja obrazovnog nivoa u razvijenim kapitalističkim zemljama ostvaruje se jedna petina prirasta bruto nacionalnog proizvoda"*[1].

Produktivnost se u osnovi svodi na ekonomiju vremena, kojom se u krajnjoj liniji meri i ukupna moć ljudske jedinke i ljudskog roda u celini da se za što kraće vreme postigne, stvori i ostvari što više. Iz te generičke težnje čoveka nastao je i sam ljudski govor, kojim se vrši ogromna i sudbonosna ušteda njegove životne energije i biološkog vremena, bez koje ne bi mogao ni napredovati ni opstati. Samo jednom jedinom reči može se za tren oka postići ono za što bi nam bez reči bili potrebni dani, godine, decenije, vekovi, ili što možda nikada ne bismo ni mogli postići. Koliko li bi tek jednoj ljudskoj individui trebalo vremena da postigne ono što je prethodno postigao ceo ljudski rod, a što ona u svom kratkom životnom veku, zahvaljujući govornoj akumulaciji vekovima sticanog znanja, koristi.

---

[1] Vujo Vukmirica, cit. rad, str. 109

Društveno delovanje

Individualizacija i socijalizacija su proizvod ljudskog delanja, koje se u proizvođačkom društvu, zbog društvene podele rada, deli na profesionalnu delatnost i društveno delovanje. Oba oblika delanja su vezana za proizvodnju, kao osnovu društvene reprodukcije, samo što je prvi u njenoj neposrednoj, a drugi u posrednoj funkciji. Pošto u suštini ima društveni karakter, proizvodnja podrazumeva neposredno i posredno povezivanje ljudi, i unutar i izvan proizvodnog procesa.

Usmereno prema drugim individuama, društveno delovanje je društveni odnos, koji „...*treba nazvati borbom ukoliko je delanje orijentisano prema nameri da se sprovede sopstvena volja nasuprot otporu jednog ili više partnera*"[1]. A svako društveno delovanje je u stvari borba za savlađivanje nekog otpora na koji nailazi sprovođenje volje jedne ili više individua, bez čega bi ono inače bilo suvišno i čak nepojmljivo jer sila napora nema bez sila otpora.

Smisao te borbe je u razrešavanju protivrečnosti različitih interesa radi zadovoljavanja individualnih i zajedničkih potreba. Boreći se za opstanak u prirodi i sa prirodom, ljudske individue se bore i jedna sa drugom kad se međusobno sukobe oko nečega čime ne mogu u potpunosti zadovoljiti svoje potrebe. Kroz tu borbu se zapravo i stvaraju međusobne veze individua, a kao njihov splet, i lični integritet individue, tako da se svaka individua zaplice u socijalnu mrežu koju, zajedno sa drugim individuama, po svojoj volji ili protiv svoje volje, i sama plete.

Dok je u divljaštvu borba vođena oko deficitarnih proizvoda prirode, u proizvođačkom društvu se vodi oko deficitarnih proizvoda ljudskog rada, čije prisvajanje čini glavni motiv društvenog delovanja. Kroz takvo delovanje formira se koristiljubiva i egoistična individua, za koju

---

[1] Maks Veber, *Privreda i društvo*, isto, tom I, str. 26

je lična korist glavni kriterij odnošenja prema drugim individuama, a glavna životna deviza imati a ne biti, jer je imanje imperativ bivanja.

Kao glavni motiv individualnog, prisvajanje je istovremeno i glavni motiv grupnog delovanja. Pošto čovek svojim radom ne može proizvesti toliko koliko mu je potrebno, celo proizvođačko društvo počiva na klasnoj borbi oko proizvodnje i prisvajanja deficitarnog proizvoda, koja je i pokretačka snaga njegovog razvoja. *„Slobodan čovek i rob, patricij i plebejac, baron i kmet, esnafski majstor i kalfa, ukratko - ugnjetač i ugnjeteni stajali su jedan prema drugom u stalnoj suprotnosti, vodili neprekidnu, čas skrivenu, čas otvorenu borbu, koja se završavala revolucionarnim preuređenjem celog društva"*[1], tako da *„...svekoliki progres, svekolika pravednija i razumnija društvena uređenja, sve je to bilo do sada izvojevano klasnom borbom između povlašćenih i potčinjenih društvenih klasa"*[2].

Kroz međusobnu borbu suprotstavljenih klasa formiran je i lični individualitet njihovih pripadnika, u kojem su dominirala klasna obeležja, pa je individua više prepoznavana po klasnoj pripadnosti nego po svojoj individualnosti pošto su u prvi plan više izbijale klasne nego individualne razlike. A s ograničenim ispoljavanjem ličnog individualiteta, išlo je i klasno ograničavanje društvenosti individue, koja se družila uglavnom sa pripadnicima svoje klase, pa je identifikacija sa klasom natkriljivala identifikaciju sa ljudskim rodom.

Ali međuklasna borba ne isključuje unutarklasnu borbu između pojedinih individua, koje *„...čine klasu samo utoliko ukoliko moraju zajednički da vode borbu protiv neke druge klase..."*, a *„...uzajamno se odnose neprijateljski"*[3]. Što je razvijenija međuklasna, više se razvija i

---

[1] K. Marks, F. Engels, Dela, isto, tom VII, str. 380

[2] Dr Maks Adler, *Materijalističko shvatanje istorije i dijalektika*, Beograd, izd. Radničkog jedinstva, 1933, str. 27

[3] K. Marks, F. Engels, Dela, isto, tom VII, str. 380

unutarklasna borba, i što je individua samostalnija, ona je borbenija i unutar i izvan klase. Zatvoreni u robovlasnička gazdinstva i feude, robovi i kmetovi su imali manje razloga da se bore međusobno, i manje mogućnosti da se zajednički bore protiv vladajućih klasa, nego industrijski radnici, koje tržišna konkurencija primorava, a veća sloboda omogućava da se takoreći neprekidno bore, i međusobno i protiv zajedničkog neprijatelja.

Ako je međuklasna borba produžetak međuindividualne borbe za obezbeđenje i unapređenje životne egzistencije, ona se dalje, iz istog razloga, produžava u međunacionalnu borbu. Od svog nastanka narodi su stalno vodili međusobnu borbu za osvajanje novih teritorija i novih tržišta, a što se više uobličava međunarodna zajednica, međunacionalna borba sve više natkriljuje i samu međuklasnu borbu, koja „...teži da sa nacionalnog plana pređe na međunacionalni"[1]. Utoliko i lična identifikacija individue sa nacijom natkriljuje njenu identifikaciju sa klasom, približavajući se identifikaciji sa jedinstvenom svetskom zajednicom.

Pošto su individualizacija i socijalizacija proizvod ljudskog delanja, one su u direktnoj zavisnosti od društvene podele rada i svojinskih odnosa. Lišene proizvodnih sredstava i osuđene na celodnevno rintanje za njihove vlasnike, proizvođačke klase su praktično lišene i mogućnosti društvenog delovanja, za koje im se ne ostavlja ni malo slobodnog vremena. Kao „oruđe koje govori", rob je, po definiciji, osuđen da samo rinta, kmet je izrabljivan do gole kože da je jedva preživljavao, a pored celodnevnog boravka u fabričkim halama industrijskom radniku nije ostajalo dovoljno vremena ni za najnužniji oporavak.

To je prvi i osnovni uzrok da se „...jedna od najbolesnijih crta...", ne samo robovlasničkog i feudalnog, nego i razvijenog industrijskog

---

[1] Moris Diverže, cit. rad, str. 176

društva "*...sastoji u tome što je čovek učinjen pasivnim, što mu je, naime, oduzeta šansa aktivnog sudelovanja u problemima njegovog društva, preduzeća u kome radi, pa čak i u - iako ne tako otvoreno - njegovim ličnim poslovima*"[1]. A ukoliko nema društvene aktivnosti, ne može biti ni društvenosti ni lične samostalnosti individue. Robu nisu ni formalno priznavana građanska prava, koja ni proleteru nisu mnogo značila pošto ih faktički nije mogao koristiti.

Ali društveno biće proizvođača nije se moglo sasvim ugušiti a da se ne uguši njegovo proizvođačko biće; njegova društvena aktivnost nije mogla biti ukinuta a da ne bude ukinuta njegova proizvodna delatnost, koja je u suštini društvenog karaktera. Upravo zbog protivrečnosti svog društvenog položaja kojim su kao glavna proizvodna snaga proizvođačkog društva, izopšteni iz samog društva, i rob, i kmet i proleter bunili su se i dizali bune protiv svojih vlastodržaca. Borba za slobodu predstavljala je jedinu pravu slobodu, osnovni oblik i najznačajniji činilac individualizacije i socijalizacije porobljenih proizvođača. I kao individua i kao socijalni činilac, porobljeni proizvođač je značio nešto samo ukoliko se i kad se borio za svoje oslobađanje.

Kao fizička radna snaga, porobljeni proizvođači su se samo fizičkom snagom mogli boriti za svoju slobodu; način njihovog društvenog delovanja nije se u suštini magao razlikovati od načina obavljanja proizvodne delatnosti. Zato su oružani ustanci i ratovi predstavljali osnovni oblik razrešavanja protivrečnosti proizvođačkog, a i najznačajniji oblik razrešavanja protivrečnosti zemljoradničkog društva. Proizvođačka i vladajuća klasa više su se obračunavale silom nego razumom jer su jedna drugu teško razumevale.

Pošto se na taj način obezvlašćeni proizvođači nisu sa svojim vlastodršcima mogli pojedinačno nositi, kolektivno delovanje predstavljalo

---

[1] Erih From, *Revolucija nade*, isto, str. 106

je imperativ klasne borbe. Njihove slobodarske težnje mogle su samo kroz zajedničku borbu dolaziti do izražaja, a lični individualitet se kroz kolektivni individualitet potvrđivati; da bi ostvarili lične interese, morali su se stapanjem individualnih snaga u kolektivnu snagu boriti za kolektivne interese u koje su se stapali njihovi lični interesi.

Od fizičke sile svojih podanika vladajuće klase su se obezbeđivale fizičkom silom, kojom se klasno podaništvo jedino i moglo održavati.da bi osigurale društveni monopol na svojinu i prisvajanje, one su morale uspostaviti društveni monopol i na fizičku silu, radi čega su stvorile moćan državni aparat kao jedinu oružanu silu društva, čija je „...*glavna svrha oduvek bila osiguranje, oružanom moći, ekonomskog ugnjetavanja radne većine od ekskluzivne imućne manjine*"[1].

Silom se može savladati sila, ali ne može i ljudski duh, koji kod ljudskog bića vlada fizičkom silom, zbog čega je mnogo teži problem klasne vladavine bilo duhovno, nego fizičko porobljavanje. Ali iz istog razloga je duhovno porobljavanje predstavljalo i glavno sredstvo klasne vladavine, kojim je otpor klasnom izrabljivanju i ugnjetavanju neutralisan znatno efikasnije nego fizičkim porobljavanjem.

Društveno delovanje se uvek rukovodi određenim idejama kojima se osvetljavaju ciljevi i sredstva pomoću kojih se postavljeni ciljevi nameravaju ostvariti. Što su one istinitije, delovanje je delotvornije, ali i neplodotvornije što su ideje zabludonosnije. Da bi osujetile svaki otpor svojoj vladavini, vladajuće klase su gurale proizvođačke klase u duhovni mrak bez ikakvih ideja, uskraćujući im svaku mogućnost duhovnog uzdizanja, a za svaki slučaj napajali su ih lažnim ideološkim predstavama kojima su ih što više udaljavale od stvarnosti i istine.

Kao što su proizvodi fizičkog rada proizvođačkih klasa sistematski i sistemski pretvarani u sredstva njihovog fizičkog porobljavanja,

---

[1] K. Marks, F. Engels, Dela, isto, tom XXX, str. 288

tako su i njihove duhovne tvorevine izokretane i preokretane u sredstva njihovog duhovnog porobljavanja. Svi oblici vladajuće klasne svesti (pravo, moral, religija, politička ideologija) nastali su izopačavanjem i otuđivanjem izvorne narodne svesti koja je prvobitno izražavala autentične interese proizvođačkih masa dok ideološkim izobličavanjem nije stavljena u zaštitu interesa vladajućih klasa.

Osnovni je smisao svake vladajuće ideologije da interese vladajuće klase predstavi kao interese celog društva, da bi eksploatisane proizvođačke mase idejno dezorijentisala i praktično demobilisala u ostvarivanju njihovih stvarnih interesa. Radi toga se uz monopolisanje fizičke sile, u funkciji zaštite svojinskog monopola, monopoliše i društvena svest tako što se na sve moguće načine, uključujući i primenu fizičke sile, sprečava svako drugačije mišljenje koje odudara od proklamovanog ideološkog jednoumlja.

Tome se podvrgava i celokupno duhovno stvaralaštvo, čime se sprečavanjem slobode stvaranja sprečava stvaranje i slobodne individue i slobodnog društva. „*Crkva* - kako piše Niče - *šalje u pakao sve „velike ljude“*...“[1], ali ih u ovozemaljski pakao šalju i svi vladajući režimi, kojima nigde i nikada nije po volji društvena i duhovna neposlušnost. Iako počiva na razvoju nauke i tehnologije, ni industrijsko društvo ne zaostaje mnogo za srednjevekovnim mračnjaštvom po brutalnosti obračuna sa neposlušnim, što je samo do ekstrema dovedeno u fašističkim društvima gde „...*nauka i umetnost više nisu slobodna stvaranja ljudskog uma*“, već „...*instrument vlasti za prinuđavanje ljudi na poslušnost*“[2]. Kako kaže Sen Simon, „...*genijalan čovek, koji bi za svoj rad trebao punu slobodu, uvijek je, sad više, sad manje, ovisan o vladi koja ga plaća...*“, zbog čega se „...*mora prikloniti duhu vladinu, podložiti*

---

[1] *Volja za moć*, isto, str. 230

[2] Harold Laski, *Sloboda u modernoj državi*, Radnička štampa, Beograd, 1985, str. 171

se oblicima i postupcima što ih ona nameće, a misliti može, takoreći samo uzgred"[1].

Nauka „*...suštinski ne podnosi oblik privatnog vlasništva...*"[2] niti privatno vlasništvo podnosi nauku, koja se ne može privatizovati, i koja samo otkriva istinu, dok se privatizacija oslanja na prikrivanje istine. Zbog toga se nauka od političkog tutorstva može potpuno osloboditi tek po nestanku privatne svojine, i „*...svoju pravu ulogu može igrati samo u republici rada*"[3], gde „*...samoupravljanje traži naučnu teoriju i misao...*"[4], bez kojih se ne može ostvarivati.

Ali privatna svojina se nije mogla razvijati bez nauke, niti bi razvoj naučnog stvaralaštva bio moguć bez privatne svojine. Nauka je i potpomagala razvoj privatne svojine ukoliko je otkrivala mogućnosti razvijanja proizvodnje i proizvodnih odnosa, te je utoliko i naučno stvaralaštvo potpomagano od strane privatnih vlasnika. Ali razobličavanjem ideoloških obmana i otkrivanjem mogućnosti ukidanja svojinskog i političkog monopola, nauka je istovremeno ugrožavala pozicije vladajućih klasa, zbog čega je sa njihove strane i sama ugrožavana.

Iako sve više postaje glavna i takoreći neposredna snaga savremene reprodukcije kapitala, nauka je još pod njegovom snažnom dominacijom, ispod koje se sa teškom mukom istrže. „*Nove birokracije države i biznisa, partija i slobodnih udruženja, postaju glavni poslodavci intelektualcima...*" koji „*...postaju zavisni, mjesečno plaćeni službenici...*" i „*...najaktivnije sate svoga života provode radeći ono što im se zapovijeda*"[5].

---

[1] Claude-Henri Saint-Simon, *Izbor iz djela*, isto, str. 22

[2] Radovan Rihta, cit. rad, str. 66

[3] K. Marks, F. Engels, Dela, isto, tom XXVIII, str. 452

[4] Edmon Mer, cit. rad, str. 10

[5] C. Wright Mills, cit. rad, str. 144, 145 i 147

Zbog sudbonosne zavisnosti od vlasništva, nauka je u službi vladajućih klasa, oduvek delila sudbinu izrabljivanih proizvođačkih klasa. Iz toga je proisticalo i njihovo prirodno savezništvo u borbi za oslobođenje rada i slobodu stvaranja, od kojeg su vladajuće klase stalno strepele i kojem su se svim silama suprotstavljale. Bez tog savezništva ne bi bilo društvenog progresa, pa ni razvoja samog vlasništva jer borba proizvođačkih masa ne bi imala rezultata bez rukovođenja istinskim, naučno zasnovanim idejama vodiljama. Istina je oduvek bila glavno i neizostavno sredstvo (i klasne i individualne) borbe za društveni progres jer je ona njegova jedina zvezda vodilja.

Okosnicu klasne borbe za društveni progres činila je upravo borba za svojinu i protiv svojine, u kojoj je s obe strane dejstvovano i duhovnim i fizičkim silama. Ona za rezultat nije imala ni ovekovečenje ni ukidanje, već menjanje i razvijanje svojinskih odnosa, koje je predstavljalo prirodan istorijski tok, ali kojeg bez borbe ne bi bilo jer je borba neizostavni uslov i prirodan način svakog menjanja i svakog razvoja.

Upravo je borba svih sa svakim i svakog sa svima, za rezultat imala protivrečan razvoj svojinskih odnosa, čija je demokratizacija vršena uz sve veću koncentraciju i centralizaciju društvenog bogatstva. Krajnji ishod klasnih borbi robovlasništva bila je feudalna centralizacija zemljovlasništva uz povećanu i sve veću samostalnost proizvođačke klase kmetova u raspolaganju obradivom zemljom kao i drugim proizvodnim sredstvima, sopstvenom radnom snagom i proizvodima svog rada. Borbom za potpuno osamostaljivanje proizvođačkih masa srušen je feudalni centralizam i uspostavljeno decentralizovano zemljovlasništvo, koje je buržoaskom revolucijom prošireno na opštu privatizaciju vlasništva.

Centralizacija zemljovlasništva vršena je fizičkom silom, a drugačije se nije ni mogla vršiti, ne samo zbog toga što je to odgovaralo karakteru zemljoradnje, zasnovanoj na fizičkoj radnoj snazi, već i što se zemlja kao nepokretna imovina jedino silom mogla osvajati. Zato su oružani ustanci i međudržavni ratovi predstavljali glavni i gotovo neprekidni oblik borbe među suprotstavljenim klasama i narodima kojim je potvrđivan i lični i kolektivni individualitet; junaštvom i ratnim uspesima sticani su i lični i državni autoritet.

Nepokretna imovina (zemlja, prirodna i društvena bogatstva) ostala je predmet osvajanja sve do današnjeg dana, ali su s industrijalizacijom i pretvaranjem pokretnog (novčanog) kapitala u glavno sredstvo proizvodnje, oružani oblici borbe potisnuti u drugi plan borbom za tehnološki i ekonomski prestiž. Krvave obračune među klasama i narodima uveliko su zamenili kolektivni i međudržavni ugovori, u kojima jači opet pobeđuje slabije ali ekonomskom i političkom, umesto fizičkom silom.

Dok je centralizacija starovekovnog i srednjevekovnog zemljovlasništva vršena silom, novovekovna koncentracija i centralizacija kapitala vrši se uz pomoć sile ekonomskim takmičenjem, koje se umesto na fizičkoj, zasniva na duhvnoj sili, zbog čega umesto trke u naoružavanju, primat dobija trka u razvijanju nauke i tehnologije. U klasnoj eksploataciji nasilno iscrpljivanje najamne radne snage zamenjuje se naučnom organizacijom rada, a u međunarodnoj eksploataciji nasilni kolonijalizam ekonomskim kolonijalizmom, dok se i unutarnacionalna i međunacionalna centralizacija kapitala ostvaruje prvenstveno putem tržišne konkurencije.

U toj funkciji su i nasilnički oblici autokratske, zamenjivani političkim oblicima demokratske vladavine. Opšta privatizacija vlasništva zahtevala je i opštu demokratizaciju političke vlasti, koja je sa povećanjem ekonomske, donosila i povećanje društvene samostalnosti svake individue, čiji se ugled, umesto na junaštvu, zasniva na radu i stvaranju, kao što se ugled društvene zajednice, umesto na ratnim, zasniva na ekonomskim i kulturnim uspesima.

Ni međunarodna ekonomska saradnja nije se, umesto nasilnih osvajanja, mogla odvijati bez demokratizacije međunarodnih odnosa, koja je podrazumevala istovremeno jačanje, i samostalnosti i međunarodnih veza suverenih država. Pod tim uslovom je i međunarodna zajednica konstituisana kao demokratska asocijacija samostalnih i ravnopravnih naroda, koja zapravo jedino i može garantovati njihovu samostalnost. Opšta demokratizacija društvenih odnosa je i jedini put mirnog razrešavanja, i unutarnacionalnih i nеđunacionalnih suprotnosti, koje se u uslovima savremene naučno-tehnološke revolucije drugačije i ne mogu razrešavati.

Ukoliko se, međutim, određeni interesi i ciljevi ne mogu ostvariti demokratski, oni se pokušavaju ostvariti silom i nasijem, što je u sve većoj koliziji sa naučno-tehnološkim i ukupnim društvenim progresom. Naročito je grčevita borba za monopolizaciju, koncentraciju i centralizaciju kapitala praćena razornim ratnim eksplozijama, čiji je jedini doprinos progresivnom razvoju bio u buđenju i mibilizaciji progresivnih snaga na rešavanju razvojnih problema.

Ali oslanjanje na silu i sama upotreba sile nisu samo recidivi prohujale prošlosti, već su prateća pojava delovanja ekonoskih zakona, koji preko bezobzirne tržišne konkurencije teraju i na bezobzirno osvajanje i prisvajanje ekonomskih resursa. Sila se koristi i kao dopunsko ili pomoćno sredstvo ekonomskih mera, pa čak i kao osnovno sredstvo u zaštiti od tržišne konkurencije kad se ona ekonomski ne može izdržati.

Bezobzirna borba za koncentraciju, centralizaciju i monopolizaciju kapitala vodi se i ekonomskim i nasilnim sredstvima, koja se ne samo nadopunjavaju, već se i međusobno do te mere uslovljavaju da nasilja nema bez ekonomske moći ni ekonomske moći i nadmoći bez nasilja. Industrijalizacijom se i u neposrednoj proizvodnji i u društvenom delovanju vrši istorijski prelaz sa upotrebe fizičke, na upotrebu duhovne sile, pri čemu obe sile deluju istovremeno i protivrečno, slažući se i suprotstavljajući se jedna drugoj.

Ekonomska i nasilna koncentracija i centralizacija kapitala su jedna drugu izazivale, ne samo na različitim, već i na istim punktovima. Pod pritiskom nepodnošljive konkurencije industrijskih zemalja, agrarne zemlje su ubrzano vršile administrativnu nacionalizaciju privatnog kapitala da bi ubrzale ekonomski razvoj, ali su istovetne mere preduzimale i razvijene industrijske zemlje da bi savladale nepodnošljivu tržišnu stihiju.

Protivrečno kretanje kapitala rezultat je protivrečnog društvenog delovanja. Dobrovoljnim demokratskim povezivanjem i udruživanjem vršena je ekonomska, a prinudnim autokratskim diktatom, nasilna koncentracija i centralizacija kapitala, što uslovljava i protivrečno ponašanje individue, koja po svojoj ljudskoj prirodi teži slobodi i demokratiji, ali kad joj više odgovara, ne samo što pokorava druge, nego se, i kad mora i kad ne mora, i sama pokorava drugima, a kako se ponašaju pojedinci, tako se ponašaju i čitave zajednice.

U funkciji ubrzane centralizacije kapitala, utrkivanjem velikih sila za uspostavljanje sopstvene dominacije nad svetom gušene su demokratske inicijative i u nacionalnim i u međunarodnim okvirima. Nasilna centralizacija kapitala vrši se pomoću autokratske vlasti, koja stvarnu demokratiju isključuje pretvaranjem demoktarskih institucija u instrumente autokratske vladavine, pomoću kojih se politička vlast koncentriše u jednoj instituciji i jednoj individui.

Sa centralizacijom i radi centralizacije kapitala, vrši se i centralizacija političke vlasti svođenjem demokratske vladavine na vladavinu jedne klase, vladavine jedne klase na vladavinu jedne partije i vladavine jedne partije na vladavinu jednog partijskog vođe, što svoju institucionalnu formu dobija u svođenju neposredne vlasti naroda na vlast predstavničkih organa, vlasti predstavničkih, na vlast izvršnih organa, a vlasti izvršnih organa na vlast državnog poglavara. Time se sistem demokratske, izokreće u sistem autokratske vladavine, koja se i u međunarodnim odnosima ostvaruje svođenjem neposrednog sporazumevanja ujedinjenih naroda na predstavničko odlučivanje Generalne skupštine, koje se dalje svodi na odlučivanje Saveta bezbednosti, čijim radom diriguje i praktično odlučuje jedna, najmoćnija članica.

Iako je u funkciji administrativne centralizacije kapitala, centralizacija političke vlasti protivrečno deluje na njegovu reprodukciju. Olakšava je ukoliko ubrzava centralizaciju proizvodnih sredstava, a otežava ukoliko sputavanjem demokratskih inicijativa unrtvljuje proizvodne snage, što je osnovno ishodište protivrečnosti i u celokupnom političkom delovanju kapitalističkog društva: ne samo političkih pokreta suprotstavljenih klasa, već i unutar svakog od njih ponaosob.

Osnovni problem reprodukcije kapitala i političkog delovanja u toj funkciji, otpočetka je proisticao iz kolizije nasilne centralizacije kapitala i reprodukcione neophodnosti maksimalne mobilizacije proizvodnih snaga. Pošto je smisao centralizacije u svojinskoj monopolizaciji kapitala, klasna borba se u suštini vodi oko sudbine - ukidanja ili ovekovečenja svojinskog monopola.

Rezultat te borbe je stalno menjanje i razvijanje svojinskih odnosa u pravcu, i monopolizacije i demonopolizacije, u interesu i protiv interesa obeju klasa. I kroz međuklasnu u kroz unutarklasnu borbu, kapitalistička privatna svojina se istovremeno i razvija i ukida, razvija se ukidanjem i ukida razvijanjem, na čemu, svesno ili nesvesno, rade obe suprotstavljene klase. Kapitalistička klasa svoj kapital uvećava ukidajući i samu sebe i svoju vlast nad kapitalom, a radnička klasa nikako ne može ukinuti vlasništvo nad kapitalom, dok i sama ne postane njegov neposredni vlasnik, i dok time ne ukine i samu sebe.

Težnja za ukidanjem svojine nastala je sa nastankom same svojine jer je otpočetka bilo jasno da je ona glavni uzročnik materijalne i duhovne bede eksploatisanih proizvođačkih masa. Radničkoj klasi pogotovu nije bilo teško da to shvati i ideju za njeno ukidanje prihvati, ali je teško bilo doći do saznanja kako da se to ostvari, oko čega je došlo do ideološkog razlaza i političke konfrotacije u radničkom pokretu, koja po svojoj žestini ne zaostaje za međuklasnom konfrontacijom.

Dok se još nisu nazirale mogućnosti korenite ekonomske transformacije, politička vlast se ukazivala kao jedino radikalno sredstvo za promenu svojinskih odnosa, odakle je potekla ideja o socijalističkoj revoluciji kao prevashodno političkom činu osvajanja vlasti od strane radničke klase, s osnovnim ciljem ukidanja privatnog vlasništva. A pošto su i mogućnosti mirnog osvajanja vlasti bile neizgledne, oružani prevrat se u postojećim društvenim okolnostima ukazivao kao jedina realna alternativa.

Što su, međutim, razvojem industrije stvarani uslovi i neophodnost sve veće cosijalizacije kapitalističkog vlasništva, jačala su nasuprot opredeljenjima za oružanu revoluciju, i opredeljenja za mirnu evoluciju. Zasnovana na ekstremnim opredeljenjima, polarizacija radničkog pokreta na revolucionarno i reformatorsko (komunističko i socijaldemokratsko krilo) samo je otežavala njihovu borbu za ostvarivanje osnovnog klasnog interesa.

Istorijski tok zbivanja potpuno je derogirao ideološku isključivost obeju ekstremnih orijentacija jer su i oružani prevrati i socijalne reforme, posredno ili neposredno, uticali na menjanje svojinskih odnosa i socijalizaciju kapitalističkog vlasništva. Zbivanja se nisu odvijala ni prema jednoj ekstremnoj orijentaciji, već po nekoj središnjoj rezultanti, koja potvrđuje neminovnost i evolutivnih i revolucionarnih promena, kao neodvojivih činilaca nedeljivog istorijskog procesa.

U zanesenjačkom nestrpljenju da jednim udarcem što pre prevrne postojeći svet, Marks se, precenjujući pokretačku moć ideja, teško mogao osloboditi hegelijanske opsesije o diskontinuelnom skoku „...*od apsolutnoga do realnoga*"[1], a Bernštajn, zaslepljen ličnim vlastoljubljem

---

[1] Ernst Bloch, *Subjekt-objekt*, Naprijed, Zagreb, 1959, str. 155

i pozitivističkom površnošću, odbacio je svaki pomen o revoluciji. Po-kazalo se, međutim, da su i jedan i drugi vid zanesenjaštva više štetili nego koristili radničkom pokretu, doprinoseći više učvršćivanju nego rušenju kapitalizma. Zbog opterećenosti ideološkom isključivošću i političkim zastranjivanjima, „...*slabost radničkog i socijalističkog po-kreta u svim kapitalističkim zemljama, a posebno u Francuskoj, bila je do sada...*", prema konstataciji Andre-a Gorca, „...*u njihovoj više ili manje naglašenoj nesposobnosti da borbu za socijalizam povežu sa svakodnevnim revandikativnim borbama*"[1].

Nastale radi ideoloških racionalizacija, teorijske jednostranosti marksizma i revizionizma služile su kao ideološki oslonac birokratiza-cije i klasne alijenacije radničkog pokreta, od nedoslednosti do potpu-ne izdaje klasnih interesa. Uprkos međusobnim optuživanjima za klas-ne devijacije, sve radničke organizacije su se u svom delovanju, manje ili više, rukovodile parcijalnim interesima svojih rukovodstava, i čak ličnim interesma svojih lidera.

Bez obzira na ideološku opredeljenost, radničke partije su se bo-rile prvenstveno za osvajanje i očuvanje osvojene vlasti, u čemu se ni po načinu borbe ni po odnosu prema radničkoj klasi nisu bitno razli-kovale od buržoaskih partija. Centralistički organizovane, pojedine par-tije su se lako izrođavale i u najokorelije protivnike radničke klase.

U borbi za vlast, partije su se prilagođavale vladajućem politič-kom sistemu, prilagođavajući i sam sistem neodoljivim potrebama cen-tralizacije kapitala. A ukoliko je centralizacija kapitala zahtevala cen-tralizovano i na silu oslonjeno delovanje političkih snaga, tako su u njenoj funkciji, delovale i političke organizacije, čemu, boreći se za vlast, nisu odolevale ni radničke partije i sindikati.

Radnička klasa je u stvari imala i odlučujuću ulogu, ne samo u ekonomskom oplođavanju, već i u političkom održavanju vladavine

---

[1] Cit. rad, str. 8

kapitala. Ni sama buržoaska revolucija, ne bi mogla biti izvedena bez političkog angažovanja radnih masa, pomoću kojeg su prebrođavane sve reprodukcione krize kapitala i vršeni svi društveni preokreti u funkciji jačanja njegove vladavine.

Pošto su krize u koje je zapadala reprodukcija kapitala, najviše pogađale radne mase, masovno nezadovoljstvo korišćeno je kao nezamenjiv politički oslonac za promene u funkciji održanja samog kapitala. Iz masovnog nezadovoljstva i pokreta same radničke klase fašizam je u funkciji centralizacije kapitala izrastao čak u najokorelijeg neprijatelja tog istog pokreta.

Sličnu sudbinu reformističkog, doživelo je i revolucionarno krilo radničkog pokreta, koje je od pokretača socijalističke revolucije, pretvoreno u instrument birokratske kontrarevolucije. Suprotstavljajući se liberalnom kapitalizmu, komunističke partije su se umesto za socijalizam, borile i izborile za državni kapitalizam, radi čega su, kao politički dvojnik državnog aparata, i same prihvatile njegov birokratsko-centralistički način organizovanja i delovanja.

Sa međunarodnom centralizacijom kapitala, birokratizacija nacionalnih pokreta prerastala je u birokratizaciju međunarodnih pokreta. Nacionalne organizacije su delovale po direktivama centralnog rukovodstva nad kojim je dominirala jedna, najmoćnija organizacija, ili su centralni organi međunarodnih organizacija delovali nezavisno od nacionalnih organizacija.

Svojom birokratizacijom političke organizacije srastaju s birokratizovanim državnim aparatom i vladajućim strukturama međunarodne zajednice, blokirajući organizovano ispoljavanje i demokratsko artikulisanje slobodnih inicijativa, pa se praktično celo društvo pretvara u političkog najamnika centralizovanog kapitala. Pod apsolutnom finansijskom i političkom dominacijom svetskog kapitala, skoro da je beznadežno svako slobodno delovanje koje bi se toj dominaciji suprotstavljalo.

Centralizacija političkog delovanja je u funkciji centralizacije industrijske proizvodnje, koja se radi usklađivanja sa društvenim potrebama, mora usmeravati iz velikih centara ekonomske i političke moći. A ukoliko su sredstva proizvodnje u posedu države i otuđenih proizvodnih korporacija, i političkim delovanjem se diriguje iz otuđenih političkih centara, čime se proizvođačke mase od subjekta praktično pretvaraju u objekat otuđene politike.

Politika koja isključuje masovnu inicijativu individua, ne može u savremenim tehnološkim uslovima biti generator društvenog progresa. Razvoj i sama primena savremene tehnologije sve više traže samostalnu i samoinicijativnu individuu koja se i na profesionalnom radu i u društvenom delovanju samostalno i samoinicijativno povezuje i udružuje sa drugim individuama.

Srozavanjem neposrednog proizvođača na nivo izvršioca tuđih direktiva, proizvođačko društvo, u principu, isključuje slobodu masovne inicijative, zbog čega su svi pokušaji opšteg oslobađanja njegovih individua ostajali bez rezultata. Automatizacijom proizvodnje ukida se konačno svaka inicijativa neposrednog proizvođača jer se ukida sam neposredni proizvođač, ali se upravo time i tek time stvaraju uslovi opšteg oslobađanja. Predviđa se da će postindustrijsko društvo biti slobodna zajednica „radnika znanja", ili takozvanih „zlatnih kragni", a one se rađaju već u industrijskom društvu kao glavni nosioci tehnološkog, ekonomskog i opštedruštvenog progresa.

To društvo nije, dakle, nikakva utopija, već iskonski cilj koji se ostvaruje od nastanka čoveka i čovečanstva, samo što je ono vekovima predstavljalo uski, ali i sve širi krug srećnika koji su radili što su hteli a od tuđeg rada živeli. Pošto je umni, a ne fizički rad tvorac svega novog i ljudskijeg, samo među njima su se mogli javljati nosioci društvenog progresa ukoliko su se umovanjem bavili.

Buržoaska revolucija, čiji su idejni inspiratori, tvorci i organizatori bili upravo „radnici znanja", otvorila je perspektive novog, na slobodnom radu zasnovanog društva opšte slobode, jednakosti i bratstva svih ljudi, ali se još nije znalo, što se teško i moglo znati, kako da se ti ciljevi i ostvare. Pošto se krenulo putem novog porobljavanja i raslojavanja, činilo se da je revolucija izneverila svoje tvorce, zbog čega su odmah istaknuti novi revolucionarni zahtevi - za ukidanje privatnog vlasništva kao glavnog uzročnika porobljavanja i društvenih nejednakosti, ali ostao je nedorečen odgovor na piranje kako to učiniti, što je omogućavalo da se društvena akcija ponovo usmeri mimo postavljenih ciljeva revolucije.

Sa zahtevom za ukidanje privatnog vlasništva, socijalistička revolucija je mogla da bude samo istorijski produžetak buržoaske revolucije na ostvarivanju istih društvenih ciljeva, koji su, kao što se odmah pokazalo, na osnoama privatnog vlasništva neostvarivi. Ali ukidanje ne znači samo po sebi nikakvu revoluciju, a ukidanje privatnog vlasništva je definisano baš kao suština socijalističke revolucije[1].

Pošto je definisana kao razaranje, a ne kao stvaranje, socijalistička revolucija je shvaćena kao „politički akt"[2] koji se može, ili čak mora izvesti „...nasilnim rušenjem čitavog dosadašnjeg društvenog poretka..."[3], zbog čega je „...samo proletarijat..."; kao najbrojnija i stoga najmoćnija fizička snaga društva, proglašen „...istinski revolucionarnom klasom"[4]. Time je umesto stvaralačkoj snazi ljudskog uma, rušilačkoj snazi fizičke sile pripisana ključna uloga u izvođenju revolucije, što je predstavljalo polaznu osnovu i za kontrarevolucionarno preusmeravanje revolucionarne akcije.

---

[1] Vidi: K. Marks, F. Engels, Dela, isto, tom VII, str. 390

[2] Isto, tom III, str. 174

[3] Isto, str. 405

[4] Isto, tom VII, str. 388

Da se definisanju socijalističke revolucije prišlo sa stvaralačke umesto sa rušilačke strane, onda bi se odmah zaplelo u nerešivu enigmu ako bi se ključna uloga u njenom izvođenju pripisala proletarijatu, koji se ukidanjem buržoazije i sam ukida. Čim bi se oslobodio jarma protivničke klase, proletarijat bi samim tim prestao da postoji, kao što se kroz istoriju uvek dešavalo da je sa nestankom jedne eksploatatorske klase neizostavno nestajala i klasa koju je ona eksploatisala.

Zbog jednostranog definisanja socijalističke revolucije kao rušilačkog političkog akta u funkciji nasilnog osvajanja vlasti, vršeno je i odgovarajuće transformisanje komunističkog pokreta u organizacije vojničkog tipa, čijom su birokratizacijom one od revolucionarnog, praktično transformisane u kontrarevolucionarni pokret. Stoga je u svim kvazisocijalističkim revolucijama umesto proletarijata vlast preuzela partijska birokratija koja je više nije ispuštala iz ruku.

Nacionalizacijom privatnog kapitala je umesto socijalističke, izvršena etatistička revolucija, kojom je jedan oblik kapitalizma samo zamenjen drugim oblikom kapitalizma. Proletarijat nije oslobođen podaničke pozicije jer je kormilo klasne vladavine umesto buržoazije zaposela državna birokratija. Srastanjem revolucionarnih organizacija sa državnim aparatom, ne samo što je socijalistička revolucija prekinuta pre nego što je suštinski i počela, već je gušenjem revolucionarnih inicijativa sistemski i sistematski sprečavan svaki pokušaj njenog nastavljanja.

Jednokratnim političkim činom mogao se promeniti samo oblik privatnog vlasništva, ali se nije moglo ukinuti samo vlasništvo, koje jednokratnim činom nije ni nastalo. Nastalo kao istorijski proces, prisvajanje jedino na taj način može i nestati kroz proces permanentne revolucije, nezamislive bez odgovarajućih evolutivnih promena pre svega u sferi društveno-ekonomskih odnosa, koje se ne mogu dešavati bez stvaralačke uloge ljudskog uma i organizovane društvene akcije.

Osnovni uzrok ekonomskog i političkog kraha sovjetskog sistema bio je u okoštalom državnom vlasništvu koje se za sedam decenija birokratske vladavine nije značajnije menjalo, dok je u zemljama tržišne privrede podruštvljavanje privatnog vlasništva za to vreme znatno uznapredovalo. Pokušaji da se osnovna deviza socijalističke revolucije „fabrike radnicima, zemlja seljacima" ostvari samoupravnom transformacijom klasične države, nailazili su na tvrdokorne otpore birokratije, kojoj se zaposednuta vlast nije ispuštala iz ruku, a kad se državni totalitarizam više nije mogao održati, ona se radije odlučila za reprivatizaciju nego za dalju socijalizaciju državnog vlasništva.

Ali birokratija ne bi ni mogla biti glavni nosilac socijalizacije državnog vlasništva, ne samo zato što bi time izgubila vlast, po samim tim i prestala da postoji, već pre svega što je za to neophodno angažovanje celog društva jer „...nema prave društvene promene bez svesne mobilizacije većine stanovništva"[1]. Ako je buržoaska revolucija opštom privatizacijom vlasništva pokrenula bukvalno svaku individuu, socijalistička revolucija, kojom treba da se izvrši opšta deprivatizacija, pogotovu mora predstavljati opštenarodni pokret. U zadrugarstvu kao prototipu socijalističkog podruštvljavanja privatnog vlasništva, svaki zadrugar je aktivista zadružnog pokreta, koji samostalno i zajednički sa drugim zadrugarima odlučuje o svom i zajedničkom vlasništvu.

Ništa, međutim, ne nastaje u jednom trenu, a posebno korenite društvene promene, zbog čega revolucije nema bez evolucije, ako revolucija uopšte znači korenitu promenu. Zadružni pokret, kao izvorni oblik revolucionarnog socijalističkog pokreta, i zarugarstvo kao izvorni oblik socijalističkog vlasništva, nastali su sredinom XIX veka u jeku razvoja kapitalizma i kapitalističkog vlasništva, koje je takoreći istovremeno evoluiralo u akcionarstvo kao svojevrstan oblik kapitalističkog zadrugarstva.

---

[1] Edgon Mer, cit. rad, str. 68

Ukidanje privatnog vlasništva nije počelo ni sa Pariskom komunom ni sa Oktobarskom revolucijom, već sa pojavom zadrugarstva, kojim se istinski prevazilaze nepomirljive suprotnosti između privatnog i javnog, individualnog i kolektivnog, ličnog i društvenog. Ako socijalističkom revolucijom treba da se ukine privatno vlasništvo, onda se to ne postiže jednokratnim političkim činom preuzimanja vlasti, već dugotrajnim stvaralačkim angažovanjem celog društva na integrisanju individualnog vlasništva u zajedničko vlasništvo i usamljenih, u zajednicu udruženih individua. Na tom putu je od svog početka i organizovana borba za poboljšanje ekonomsko-socijalnog i društveno-političkog položaja radničke klase putem štrajkova, kolektivnih ugovora, participacije u upravljanju preduzećem, lokalne samouprave i mirnog osvajanja državne vlasti, ukoliko ono doprinosi opštoj individualizaciji i socijalizaciji kapitalističkog vlasništva.

Ali opšta individualizacija i socijalizacija vlasništva ne podrazumeva samo socijalnu i političku, nego pre svega naučno-tehnološku revoluciju, bez koje ne bi bilo ni socijalne, ni političke revolucije, što su ideolozi socijalističke revolucije sasvim ispuštali iz vida. Sudbonosni grobar kapitalističkog vlasništva i političkog sistema nije radnička klasa, već elektronska tehnologija, koju sami vlasnici kapitala u trci za što većim profitom, primenjuju i razvijaju, a kojoj se najamni radnici, radi ekonomske i socijalne sigurnosti, čak i suprotstavljaju.

Bez automatizacije proizvodnje nikada se ne bi dostigao nivo produktivnosti kojim se obezbeđuje izobilje životnih sredstava, što je osnovna pretpostavka za ukidanje svakog vlasništva. Ona neumoljivo zahteva da se proces desvojinizacije kroz demonopolizaciju vlasništva odvija već u toku njenog sprovođenja, tako da i „...*sami transnacionalni poslodavci stvaraju modele učešća radnika u upravljanju - radničke demokratije*"[1].

---

[1] Dr B. Marković, *Transnacinalne korporacije, radnička klasa i strategija sindikata*, Institut za međunarodnu politiku i privredu, Beograd, 1981, str. 78

Najneposredniji uticaj naučno-tehnološke revolucije na desvojinizaciju i depolitizaciju društva vrši se pretvaranjem znanja umesto kapitala, u glavnu snagu društvene reprodukcije koja se ne može prisvajati i monopolisati. A sa time i glavnim nosiocem društvene reprodukcije umesto najamnih radnika i vlasnika kapitala, postaje stvaralačka inteligencija, koja ne živi od prisvajanja tuđeg, već od sopstvenog rada.

Time je stvaralačka inteligencija objektivno predodređena da bude glavni nosilac, ne samo naučno-tehnološke, nego svekolike društvene revolucije. Ona je „mozak" i „srce" revolucionarnog pokreta za društveno oslobađanje rada jer je ne samo najamniji, već je i najodlučniji borac protiv klasno polarizovanog društva, u kojem je i relativno najugroženija pošto u odnosu na sve ostale slojeve svojim radom daleko više daje nego što dobija, a stvaralaštvo se, za razliku od fizičkog rada, na sve moguće načine suzbija, ograničava i zabranjuje.

Zbog toga što nikog ne eksploatiše, već živi od sopstvenog rada, stvaralačka inteligencija kao revolucionarna avangarda, uživa poverenje svih radnih slojeva, čijoj egzistenciji i ostvarivanju životnih ciljeva svojim stvaralaštvom i sama doprinosi. A što revolucija dalje odmiče, vrši se i sve veća intelektualizacija društva pretvaranjem svih radnih slojeva u stvaralačku inteligenciju.

Ukoliko stvaralačka inteligencija od vladajuće klase preuzima neposredno upravljanje društvenom reprodukcijom, utoliko je sve izlišnije oslanjanje na fizičku silu za ostvarivanje revolucionarnih ciljeva, pa utoliko postaje sve izlišniji i aparat nasilne, ideološke i političke prinude, pomoću kojeg se održava klasni poredak. Stvaralačko društvo se samo duhovnim stvaralaštvom može stvarati, kojem je fizička sila potrebna jedino za odbranu od fizičkog nasilja nad slobodom stvaranja.

Kapital se u sukobu sa znanjem, kao slabija strana, mora na silu oslanjati, što je i u zaštiti ekspanzije znanja neophodno ukoliko se sila silom mora suzbijati. Uprkos ubrzanoj ekspanziji znanja, i upravo zbog toga, savremeno društvo je prezasićeno fizičkim i duhovnim nasiljem jer kapital nema drugog izbora za održanje svoje dominacije, ali njegovi samrtnički trzaji mogu dovesti u pitanje održanje samog čovečanstva ukoliko snage znanja ne krenu u odlučujuću ofanzivu protiv nasilničke agresije kapitala.

Ta agresija se pojačava formalnim i neformalnim, legalnim i nelegalnim spregama međunarodne i nacionalne oligarhije, koja u službi kapitala bezobzirno guši svaku nepoželjnu misao i inicijativu. Ona, pomoću neodoljive moći kapitala, sve političke mehanizme i sve demokratske institucije pretvara u instrumente autokratske vladavine međunarodnom zajednicom i njenim nacionalnim provincijama. Preko multinacionalnih kompanija i transnacionalnih korporacija Sjedinjene Američke Države, kao međunarodna centrala, ostvaruju ekonomsku, a preko međunarodnih organizacija i podaničkih nacionalnih vlada političku dominaciju nad celim svetom.

Zato se bastion autokratske vladavine centralizovanog kapitala ni u jednoj zemlji ne može razbiti bez njegovog razbijanja u celoj svetskoj zajednici, pa su i nacionalne revolucije kao likvidatori privatnog vlasništva i klasne vladavine praktično neizvodive. Vlasništvo nad integrisanim svetskim kapitalom nemoguće je ukidati parcijalno, zbog čega je socijalistička revolucija, bilo da se posmatra sa rušilačke ili sa stvaralačke strane, moguća samo kao celosvetski, opštedruštveni i opštečovečanski preporod.

Pošto savremena naučno-tehnološka revolucija kao osnova društvenog preporoda, ne priznaje nacionalne granice, ne može se izvoditi u nacionalnim okvirima ni socijalno-politička revolucija. Ako se znanje ne može prisvajati i nacionalizovati, ono, kao istorijska alternativa već internacionalizovanom kapitalu, pogotovu podrazumeva opštu socijalizaciju i mondijalizaciju društvene reprodukcije. Zato nosioci revolucije znanja moraju delovati kao opšteinternacionalni i opštedruštveni pokret koji okuplja sve stvaralačke i progresivne snage sveta u borbi za opšte i potpuno oslobođenje rada. Komunistički poklič „proleteri svih zemalja ujedinite se" mora se zameniti pokličem „stvaraoci celog sveta ujedinite se", jer se od rušilačke, mora okrenuti stvaralačkoj strani revolucije.

Takav pokret, i po sastavu i po ciljevima za koje se bori, može delovati samo kao demokratska asocijacija somoinicijativnih i samostalnih aktivista, čija se zajednička aktivnost zasniva na ravnopravnoj saradnji i kolektivnom dogovaranju. To podrazumeva potpuno slobodno ispoljavanje ličnog individualiteta u društvenom delovanju baš kao i u duhovnom stvaranju jer samo pod tin uslovom i može biti u funkciji slobodnog stvaranja.

Sloboda stvaranja nije samo stvar slobodnog ispoljavanja, već i neizostavni uslov opstanka ljudske individue. Čovek se u prirodi održava samo zahvaljujući svojim stvaralačkim sposobnostima, i što prirodna dobra više troši, sve je neophodnije stvaranje veštačkih izvora ljudske egzistencije, kojim se mora baviti sve veći broj stvaralaca i na kraju ceo ljudski rod. Zato se i oslobađanje od proizvodnog rada ne vrši samo zbog njegove neugodnosti, već pre svega radi sve neophodnijeg prezapošljavanja iz proizvodnih u stvaralačke delatnosti.

Gašenjem proizvodnih, i bujanjem stvaralačkih delatnosti presušuju izvori kapitala, koji se reprodukuje proizvodnim radom, a jačaju izvori znanja, koje se reprodukuje stvaralačkim radom. Samim tim, slabi društvena moć kapitala, a jača društvena moć znanja, čime se automatski menja odnos snaga između posednika kapitala i posednika znanja. Što se reprodukcija kapitala više oslanja na znanje, njegovi posednici su u sve većoj zavisnosti od posednika znanja, koji su sve nezavisniji od vlasnika kapitala ukoliko i sami postaju njegovim vlasnicima.

Snage znanja su i u sve većoj političkoj prednosti ukoliko su sve povoljniji uslovi za demokratsku vladavinu znanja, a sve nepovoljniji uslovi za autokratsku vladavinu kapitala. Do punog izražaja znanje može doći tek u uslovima stvarne demokratije, koja tek na tlu društvene dominacije znanja može procvetati, jer dok se autokratska vladavina kapitala hrani lažima i licemerjem, istina i iskrenost su nasušna hrana demokratske vladavine znanja.

Zato stvaralačkim snagama znanja nije u borbi sa vladajućim snagama kapitala potrebna nikakva lažna ideologija, i one na svojoj zastavi mogu i moraju ispisati parolu „smrt lažima, sloboda istini". One se u toj borbi, oružju kapitala moraju suprotstaviti svojim najubojitijim oružjem: lažima istinom, sili umom, nasilju razumom, ratu mirom, razaranju stvaranjem, lažnoj demokratiji stvarnom demokratijom.

Kao inkarnacija svih političkih aduta stvaralačkih snaga, stvarna demikratija je, nasuprot formalnoj demokratiji, glavno oružje protiv autokratske vladavine kapitala, pomoću kojeg se ostvaruje društvena dominacija istine kad lažima, uma nad silom, razuma nad nasiljem, mira nad ratom i stvaranja nad razaranjem. A društvenom dominacijom demokratskih aduta ukida se svaka društvena dominacija, pa time i svako međuklasno i međunacionalno potčinjavanje.

Sve dok postoji podela rada, pri kojoj je neminivna dominacija umnog nad fizičkim radom, neizbežna je i društvena dominacija neproizvođačkih nad proizvođačkim klasama, i industrijskih nad agrarnim nacijama, na kojoj se zasniva i autokratska dominacija kapitala. Ukoliko umni rad postaje univerzalna ljudska delatnost, sa nestajanjem njegove dominacije, prestaje svaka društvena dominacija. Time se stvaraju neograničene mogućnosti za slobodno delovanje i slobodan razvitak svake ljudske individue, koji je osnovni uslov slobodnog razvoja cele ljudske zajednice.

ZAKLJUČNI REZIME

*I*ndividualizacija i socijalizacija predstavljaju suštinu razvoja ljudske jedinke i ljudskog roda. Zato se na osnovu njihovih dosadašnjih tokova mogu nazreti perspektive daljeg društvenog razvoja, u čemu je i osnovni smisao njihovog sagledavanja, koje treba da doprenese razvojnom usmeravanju društvene reprodukcije.

Pošto izvire iz prirodne težnje ljudskog bića za neograničenom slobodom, istorijski proces individualizacije i socijalizacije nema prirodnih granica. U težnji za što većom sopstvenom slobodom, čovek nije birao sredstva i predmet porobljavanja. Ali došlo je vreme da se radi samog opstanka čoveka, mora prestati sa svakim porobljavanjem, što savremeno čovečanstvo stavlja pred problem da puteve daljeg oslobađanja pronalazi bez porobljavanja i izrabljivanja prirode i čoveka.

S obzirom da se individualizacija i socijalizacija zasnivaju na umnoj aktivnosti, intelektualizacija društvene reprodukcije, koja se ogleda u povećanju umne i smanjivanju fizičke aktivnosti, čini okosnicu društvenog razvoja. U tom pogledu, razlikuju se tri karakteristične razvojne faze reprodukcije, kojima su određene i razvojne faze individualizacije i socijalizacije: sakupljačka, sa dominacijom fizičke; proizvođačka, sa polarizacijom umne i fizičke; i stvaralačka, sa dominacijom umne aktivnosti.

Polarizacija umne i fizičke aktivnosti podrazumeva i odgovarajuću klasnu polarizaciju društva na misleći i teglеći deo, kojom se ubrzava društveni razvoj ukoliko se misleći deo društva bavi stvaralačkim aktivnostima. Društvena podela rada kojom je jedan deo društva oslobođen brige za fiziološku reprodukciju, podrazumeva i podelu društvenog proizvoda na potreban proizvod u funkciji proste, i višak proizvoda u funkciji proširene reprodukcije.

Takva raspodela društvenog proizvoda pretpostavlja svojinske produkcione i reprodukcione odnose, zasnovane na klasnoj eksploataciji i prisvajanju tuđeg rada, gde je privatna svojina osnova društvene moći, slobode i ličnog individualiteta, pa stoga i svekolikog društvenog opštenja ljudske jedinke. Na toj reprodukcionoj osnovi, ubrzana individualizacija i socijalizacija jednih, vrši se po cenu usporene individualizacije i socijalizacije drugih jedinki, što nije moguće bez klasne borbe, kojom se društveni razvoj istovremeno i ubrzava i usporava, zbog čega ceo život proizvođačkog, protiče u porođajnim grčevima stvaralačkog društva.

Napredovanje vladajućih, po cenu nazadovanja podaničkih proizvođačkih klasa, moglo je ići samo do određene granice, kada su neizbežno izbijali društveni prevrati kojima je obezbeđivano i određeno napredovanje proizvođačkih klasa, da bi društvo kao celina moglo napredovati. A što se zbivalo u međuklasnim, zbivalo se i zbiva se i u međunacionalnim odnosima: napredovanje imperija odvija se na račun nazadovanja kolonija, bez čijeg napredovanja ne bi bilo napredovanja ni imperija ni celine čovečanstva.

Pošto se ceo društveni razvoj zasniva na scientizaciji i tehnologizaciji društvene reprodukcije, osnovni istorijski smisao koncentracije i centralizacije privatnog vlasništva je u stvaranju materijalne osnove za ubrzani razvoj nauke i tehnologije, kojim je i omogućen prelazak sa skupljačke na proizvođačku delatnost, i sa manuelne na mašinsku proizvodnju, čime su otvorene šoroke perspektive i za prelazak celog ljudskog roda sa proizvođačke na stvaralačku delatnost.

Sakupljačka delatnost je podrazumevala odgovarajuću slobodu grupnog kretanja, zasnovanu na kolektivnoj fizičkoj sili, i gotovo nikakvu slobodu individualnog kretanja nezavisnog od kretanja grupe. Pošto se ne može obavljati bez proizvodnih sredstava, proizvođačkom delatnošću se granice (i kolektivne i individualne) slobode određuju prema vlasništvu na proizvodnim sredstvima, pa kakvo je i koliko je vlasništvo, takva je i tolika je sloboda.

Mada je vezivanjem za nepokretno zemljovlasništvo smanjena fizička pokretljivost grupe, prelaskom na zemljoradnju je, sa povećanjem ekonomske i duhovne samostalnosti, povećana društvena pokretljivost individue, koja sve više probija i okvire zatvorene agrarne zajednice što značajniju ulogu u društvenoj reprodukciji, umesto nepokretnog zemljovlasništva, dobija sve pokretljivije kapitalvlasništvo. Društvena pokretljivost individue proizvođačkog društva povećava se upravo u zavisnosti od pokretljivosti osnovnih sredstava proizvodnje.

Sve veća pokretljivost kapitala proističe iz sve veće uloge znanja u njegovoj reprodukciji, koje samim tim preuzima ulogu odlučujućeg činioca proizvodnje i ukupne društvene reprodukcije, označavajući prelazak iz proizvođačkog u stvaralačko društvo. Taj prelazak predstavlja u stvari samo, poluproizvođačko-polustvaralačko, industrijsko društvo, u kojem se zapravo vrši istorijska smena i zamena proizvodnog rada stvaralačkim radom.

Kao glavna proizvodna snaga i ključni činilac društvene reprodukcije, znanje konačno postaje to što u suštini i jeste: glavni i neotuđivi izvor društvene moći i slobode - individualnosti i društvenosti svakog ljudskog bića. Samim tim nestaje antagonistički odnos između individualizacije i socijalizacije jer individualno postaje neposredno društveno, a društveno individualno. Kao najveća i neuništiva društvena vrednost, koje nikada nije dovoljno, znanje se nesebično i s podjednakim zadovoljstvom usvaja i dariva kao da ga ima u izobilju jer je i u najvećoj oskudnosti izobilno.

Znanje, međutim, u izobilnu opštedruštvenu upotrebu može ući samo pri opštedruštvenom izobilju materijalnih dobara, koje se, opet, samo na osnovama opštedruštvene upotrebe znanja može reprodukovati. I trnoviti put do opštedruštvenog duhovnog i materijalnog blagostanja je isti. Automatizacijom se vrši potpuno izbacivanje proizvođača iz neposrednog procesa proizvodnje, koji se više nemaju čime baviti nego duhovnim aktivnostima.

To nije samo poželjni put društvenog progresa, nego i nužan uslov opstanka ljudskog roda jer se s iscrpljivanjem prirodnih resursa, sve veći broj ljudi, i na kraju svi moraju baviti pronalaženjem veštačkih izvora svoje egzistencije. Stoga se čovečanstvo nalazi samo pred dvojakim izborom: potpunim počovečenjem ili samouništenjem, kao što su uostalom pred svakim živim stvorom samo dve mogućnosti: dostizanje razvojnog zenita ili prevremeno okončanje.

Iz istog razloga, duhovno stvaralaštvo se sa ratnih razaranja postojećeg, u potpunosti mora preorjentisati na mirnodopsko stvaranje novog sveta. Ukoliko umesto vlasništva, znanje postaje glavni izvor društvene moći, ratovanje, koje je u funkciji osvajanja i prisvajanja, inače gubi svoj smisao, čime se ogromna energija čovečanstva oslobađa za stvaranje umesto razaranja. Sa povlačenjem iz neposredne proizvodnje, fizička sila čoveka se mora povlačiti i iz sfere društvenog delovanja, zbog čega je automatizacija, koja se zasniva na snazi ljudskog uma, nespojiva sa društvenim nasiljem.

U funkciji prisvajanja tuđeg, te koncentracije i centralizacije privatnog vlasništva, fizička sila i nasilje potpomažu stvaranje, održavanje i povećanje društvenih nejednakosti. Kao univerzalni, svima dostupni izvor egzistencije, znanje postaje neuništiva osnova društvene jednakosti, koju nikakvom silom ne treba podupirati jer se nikakvom silom ne može porušiti.

Samo znanje je, u funkciji glavnog činioca društvene reprodukcije i univerzalnog izvora ljudske egzistencije, najsnažnija sila za ukidanje i socijalnih i nacionalnih nejednakosti, koje se nikakvom drugom silom i ne mogu ukinuti. Proizvođačke klase se klasnog, i agrarne nacije kolonijalnog jarma mogu osloboditi samo potpunom scientizacijom i tehnologizacijom celokupne proizvodnje i ukupne društvene reprodukcije na celoj zemaljskoj kugli.

Društvena jednakost je moguća samo kao ostvarenje jednakih mogućnosti za nejednako individualno ispoljavanje, što zapravo i jeste osnovni smisao generičkih težnji za njenim uspostavljanjem s obzirom da svaka ljuska jedinka neodoljivo teži ka svojoj individualnosti, koja podrazumeva razlikovanje od drugih. Najveća uniformnost individualne egzistencije je u stadijumu divljaštva, a u proizvođačkom društvu ona se samo kod proizvođačkih klasa održava prinudnim svođenjem njihove egzistencije na obavljanje stereotipnih proizvodnih funkcija. Unutarklasne individualne jednakosti su ovde čak u obrnutoj srazmeri sa klasnim nejednakostima, pa su najveće u robovlasništvu, a najmanje u razvijenom kapitalizmu, što nedvosmisleno pokazuje da se individualne nejednakosti zakonomerno povećavaju sa povećavanjem društvenih jednakosti.

Ljudskom biću nesvojstvena stereotipnost individualne egzistencije proističe iz prinudne stereotipnosti proizvodnih funkcija, koje čine, ne samo sudbine različitih individua gotovo istovetnim, nego i život jedne te iste individue monotonim. Nasuprot tome, neponovljivost novatorskog stvaralaštva čini život svake i svih ljudskih individua raznovrsnim, uvek novim i neponovljivim. Ako je raznovrsnost i neponovljivost suštasveno svojstvo svih živih bića, koje organsku prirodu čini uzvišenijom, lepšom i čarobnijom od neorganske, čovek, kao najrazvijenije živo biće, mora u tome nadvisiti sva ostala bića.

Ceo razvoj ljudskog roda upravo je i usmeren ka otrzanju od ostalog živog sveta u tom pravcu, koje se mora i meriti stepenom individualizacije i socijalizacije, izraženom u sve većoj individualizaciji i socijalizaciji sve većeg broja njegovih pripadnika. Razvoj nije ni mogao teći drugačije s obzirom da su individualizacija i socijalizacija rezultat unutrašnjeg nagona i napora samog ljudskog bića da se u vrtlogu protivrečnih prirodnih sila održi i izbori za svoj opstanak. Samo kroz borbu sa tim silama čovek je mogao sve više razvijati svoje umne sposobnosti da bi i sam postajao sve silniji i moćniji.

Sa prirodom se čovek ne može boriti a da se ne bori sa samim sobom jer je i sam neodvojivi deo prirode. I kao što se ceo ljudski rod bori sa prirodom, tako se svaki njegov pripadnik bori ne samo sa drugim pripadnicima roda, nego i sa samim sobom da bi savladao sile prirode koje u njemu samom deluju. Individualizacija i socijalizacija su rezultat te svekolike borbe za održanje ljudskog roda, koja je samim tim nužan uslov njegovog opstanka.

Način borbe se, međutim, menja u zavisnosti od odnosa snaga ljudskog intelekta i slepih sila prirode, koji se sa razvojem intelekta menja u korist jačanja njegove moći i nadmoći nad ostalom prirodom. Zato u borbi za opstanak, čovečanstvo sve manje koristi svoju fizičku, a sve više duhovnu snagu, sa realnim izgledima da duhovna snaga u potpunosti zameni fizičku snagu kao osnovno sredstvo borbe.

Kakva sredstva ljudi koriste u borbi sa prirodom, takvim se služe i u međusobnim borbama. Dok u sukobima divljačkih hordi dominira gola fizička sila, a u proizvođačkom se društvu klasna i kolonijalna vladavina ostvaruje pomoću vlasništva nad proizvodima ljudskog rada kao opredmećenom sintezom fizičkih i umnih sila, stvaralačko društvo treba da se zasniva na neposrednoj i potpunoj dominaciji ljudskog uma. Umesto nasilnim i ekonomskim potčinjavanjem pomoću fizičkog pokoravanja i prisvajanja tuđeg rada, individualizacija i socijalizacija sada treba bez ičijeg potčinjavanja i pokoravanja, da se ostvaruju sopstvenim radom i stvaranjem.

Pošto kao sila višeg reda, ljudski um po prirodi stvari dominira nad fizičkom silom, i u društvenim odnosima inteligencija dominira nad fizičkim radnicima, neproizvođačke klase nad proizvođačkim klasama, a kulturno, tehnološki i ekonomski naprednije nacije nad zaostalim nacijama. Jedini način za ukidanje svake unutardruštvene dominacije je u stvaranju opštedruštvene dominacije nad prirodom kojom se ukidanjem fizičke delatnosti čoveka kao predmeta njegove duhovne dominacije, ukida sama dominacija.

Ukoliko se fizičko obračunavanje čoveka sa prirodom zamenjuje umnim obračunavanjem, utoliko prestaje potreba za fizičkim obračunavanjem među ljudima. I ako umno obračunavanje umesto uništavanja, podrazumeva uspostavljanje i održavanje životne harmonije sa prirodom, međusobno ugnjetavanje i uništavanje ljudi, mora se, i radi umnog obračunavanja sa prirodom, u potpunosti zameniti međusobnom saradnjom.

To podrazumeva da se i fizička borba kao sredstvo uništavanja, u potpunosti zamenjuje duhovnom borbom kao sredstvom stvaranja, u kojoj umesto fizičke sile, sila uma predstavlja glavno oružje. Sve društvene revolucije bile su u suštini preporodi ljudskog uma, a revolucija znanja, kojom se proizvođačko društvo preporađa u stvaralačko, je to po samoj definiciji.

Suština tog preporoda je u potpunoj zameni prisvajanja stvaranjem i vlasništva znanjem kao osnovnim sredstvom i glavnim činiocem društvene reprodukcije i životne egzistencije. Time se i otuđeni, tuđom zaslugom stečeni individualitet u potpunosti zamenjuje izvornim, sopstvenom zaslugom stečenim individualitetom, a otuđeno društvo zasnovano na otuđenom vlasništvu, izvornim društvom koje počiva na neotuđivom znanju kao zajedničkom dobru svih živih i minulih individua.

Dok se reprodukcija proizvođačkog društva zasniva na autokratskoj koncentraciji otuđenog vlasništva, osnovu stvaralačkog društva čini demokratska koncentracija neotuđivog znanja, koje se pomoću elektronskih medija u svakom trenutku može koncentrisati na bilo kojem mestu i u bilo čijem posedu. Time se za sve obezbeđuju isti društveni uslovi stvaranja, kao jednake mogućnosti individualizacije i socijalizacije svake individue.

Nasuprot autokratskoj koncentraciji vlasništva kao osnovi neravnomernog parcijalnog razvoja, demokratska koncentracija znanja omogućava ravnomeran opštedruštveni razvoj na celoj zemaljskoj kugli. Slobodno stvaralaštvo postaje, za razliku od ograničenih mogućnosti privatnog vlasništva, nepresušni izvor slobodne individualizacije i socijalizacije kojim se brišu sve regionalne, socijalne i nacionalne granice.

Sloboda eksploatisanih klasa i nacija ne leži u vlasništvu, koje je osnovni uzrok i proizvod eksploatacije, već u znanju, koje je, u funkciji glavnog činioca društvene reprodukcije, grobar vlasništva kao društvenog temelja klasne i nacionalne eksploatacije, čije je zaposedanje samo put do znanja kao opštedruštvenog, svima dostupnog izvora životne egzistencije. Konačno izbavljenje nije za proizvođačke mase u visokim zaradama i kupovini akcija već u intelektualnim zanimanjima, ni za agrarne nacije u povoljnim kreditima nego u zaustavljanju migracije naučnih i stručnih kadrova i pretvaranju sopstvenih zemalja u kovačnice znanja i novih tehnologija.

Do sada su kolo društvenog progresa vodile najbogatije zemlje koje su svoje bogatstvo sticale na račun ostalih zemalja, a od sada će najbogatijim bivati oni koji stvaranjem novih znanja i tehnologija za račun celog čovečanstva, budu na čelu društvenog progresa. Ali pošto se znanje i stvaranje ne mogu monopolisati, isključena je mogućnost bilo čije ekonomske i političke dominacije po tom osnovu, koja prestaje biti sredstvo i cilj individualizacije i socijalizacije, te individualnog i kolektivnog potvrđivanja i dokazivanja.

Umesto ekonomskim i političkim prestižom, društveno potvrđivanje i dokazivanje će se u stvaralačkom društvu ostvarivati samim stvaranjem, što je kod pravih stvaralaca oduvek i bio slučaj. Najveće lično zadovoljstvo svakog stvaraoca je samo stvaranje i za sebe i za druge, i više za druge nego za sebe, što u društvu stvaralaca treba da postane univerzalni način egzistencije kao suštastveni oblik ispoljavanja ljudskog bića.

Društvo u stvari time ulazi u svoje zrelo doba kad svaka njegova individua počinje da živi punim generičkim životom nalazeći u drugim individuama ne samo izvor, već i smisao sopstvenog života. Stoga i društveni razvoj počinje da se ubrzano odvija kroz slobodni razvoj svake individue, u koji se neposredno usmerava celokupna ljudska energija, što je nužan uslov i samog opstanka ljudskog roda.

Ali nužan uslov opstanka ne podrazumeva i nužnost samog opstanka jer je razvoj rezultat organizovane borbe progresivnih snaga, ne samo sa neumoljivim silama prirode, već i sa regresivnim snagama društva. Razvojnim tendencijama znanja suprotstavljaju se retrogradne tendencije vlasništva, koje prete ne samo zaustavljanjem razvoja već i propašću čovečanstva. Stoga je pokretanje svih stvaralačkih snaga sveta u organizovanu borbu za progres i stvaralački preporod čovečanstva, neizostavni uslov opstanka.